Werner Winkler

Das Naturell
Band 1 Einsteiger (s/w)

Das Naturell als wichtiges Puzzlestück
zum Verständnis der Eigenart
von Menschen und Tieren.

Schwarz-weiße Ausgabe*

* Von diesem Buch gibt es eine farbige und diese (preiswertere) schwarz-weiße Ausgabe.

Wenn Sie mögen, können Sie diese mit Hilfe von einfachen Farbstiften aufwerten und die mit Ziffern gekennzeichneten Flächen und Symbole entsprechend ausmalen:

1 = gelb
2 = blau
3 = rot

Zudem stehen Kreise in der Regel für Gelb, Quadrate für Blau und Dreiecke für Rot:

○   Gelb

◇   Blau

▽   Rot

Impressum

Alle Rechte beim Autor,
Waiblingen, 2018
Independently published
ISBN 9781980778417
Titelbild unter Verwendung eines Bildes
von istockphoto.com, ID:183860335

Inhaltsverzeichnis Band 1 (Einsteiger)

Vorwort 5

1. Einflussfaktoren bei der Entstehung einer Persönlichkeit . . 6

2. Kurze Geschichte der Wiederentdeckung des Naturells . . 13

3. Erste Übung in Naturellanalyse:
   die eigene Zeitorientierung erkennen 21

4. Beschreibung der drei Naturellgruppen 35
   - Beschreibung von „Gelben", „Blauen" und „Roten"
   - Beispiele für Prominente und deren Naturell
   - Gebrauchsanweisung für die drei Naturellgruppen
   - Tipps für den naturelltypgerechten Umgang mit Kindern

5. Wie man sich selbst und andere einer Naturellgruppe
   zuordnet 67

6. Das Naturell bei Tieren (am Bsp. von Hunden / Wölfen) . 73

7. Das Entwicklungspotential der drei Naturellgruppen . . . 79

8. Praktische Konsequenzen aus dem Wissen
   um das Naturell 87

9. Wirkungen, Nebenwirkungen und Humor 119

10. Chancen und Grenzen von Modellen: Wie *wirklich*
    ist die „Landkarte"? 137

Fachwissen (Begriffe und Namen) von A-Z 140
Literatur 157
Danksagungen, zum Autor, Links zum Thema 158
Vorschau Band 2 (Fortgeschrittene) und 3 (Experten) 159
Meine Naturelltypen-Sammlung (zum Ausfüllen) 160
Stichwort- und Namensverzeichnis 161

Der Mensch ist ein Geheimnis.
Man muss es enträtseln, und wenn
du es ein ganzes Leben lang enträtseln
wirst, so sage nicht, du hättest die
Zeit verloren. Ich beschäftige mich
mit diesem Geheimnis,
denn ich will ein Mensch sein.

Fjodor Dostojewskij

Vorwort

Wer möchte das nicht: das Geheimnisvolle an sich selbst, seinen Mitmenschen oder den Tieren, mit denen man lebt, besser verstehen? Vermutlich befassen sich Menschen mit diesem Thema seit sie denken können und sich ihres Daseins bewusst sind.

Der Ausdruck „wichtiges Puzzlestück" im Untertitel dieses Buches schränkt jedoch das Thema insofern ein, dass es nicht um die ganze Persönlichkeit gehen soll, sondern primär um etwas, das wir „Naturell" nennen und das auch als „Temperament" oder „angeborene Konstitution" bezeichnet wird.

Was ist das, was wir da „mit auf die Welt bringen", das uns von manchen Menschen ein Leben lang deutlich unterscheidet und mit anderen wie mit „Seelenverwandten" verbindet?

Auf diese Fragen bietet die „Naturellwissenschaft" spannende Antworten und Hypothesen, die fast unweigerlich und umgehend praktische Wirkungen auf das eigene Selbstverständnis, den Blick auf Verwandte, Freunde, Kinder, Partner oder Kollegen entfalten – sofern wir uns darauf einlassen, unserem Naturell und seinen Auswirkungen bewusst ins Auge zu schauen.

Werner Winkler, Frühjahr 2018

P.S. Ich habe mich für die Aufteilung in drei Bände und je drei Versionen (farbig / schwarz-weiß / E-Book) entschieden, weil jeder die Möglichkeit haben soll, nach Bedarf und Etat (der Farbdruck ist schlicht recht teuer) von den Erkenntnissen der Naturellwissenschaft zu profitieren. Band 1 ist für *Einsteiger* gedacht, Band 2 für *Fortgeschrittene* und Band 3 für *Experten*. Band 1 soll Basiswissen vermitteln und herausfordern, aber nicht überfordern. Nach Fertigstellung aller drei Bände plane ich, einen Sammelband herauszugeben, so dass auch die Option besteht, alle drei Teile in einem Stück zu erwerben.

1. Einflussfaktoren bei der Entstehung einer Persönlichkeit

BIOLOGISCHE FAKTOREN:

①	②	③	④
Vererbung (Gene): Genetisch vererbte körperliche Merkmale inkl. dem biologischen Geschlecht.	**Sexuelle Orientierung:** Epigenetisch geprägte sexuelle Orientierung (hetero-, homo-, a-, bisexuell).	**"Hirngeschlecht":** Testosteron-Prägung des Gehirns in Richtung "maskulin" oder "feminin" (Abstufungen).	**Naturell:** Aktivierung eines epigenetischen Musters (als Temperament oder "Naturell" bezeichnet).
Bei der Verschmelzung der Keimzellen.		Vor Einnistung in die Gebärmutter.	Evtl. bei Einnistung in die Gebärmutter.

SOZIALE FAKTOREN: INDIVIDUALPSYCHOLOGISCHE FAKTOREN:

⑤	⑥	⑦	⑧
Kulturelle Umwelt: Prägung durch Normen, Werte, Kultur/en der Umwelt (u.a. Herkunft, Geschwister, Milieu, Sprache).	**Erziehung:** Einfluss der individuellen Erziehung (Eltern, Schule Religion etc.), der man ausgesetzt ist.	**Biografie:** Einfluss von biografischen Erlebnissen und deren subjektive Deutung/ Bewertung.	**Verhalten:** Autonomes Verhalten (praktisch, mental), z.B. Entscheidungen, Bildung, Beziehungen.
Schon vor der Geburt und danach.	Von Geburt an.	Bis zum Lebensende.	Ab Kindheit bis zum Lebensende.

Um besser einordnen zu können, welchen Einfluss *das Naturell* auf die Gesamtpersönlichkeit hat und welche anderen Faktoren hier noch eine Rolle spielen, möchte ich zunächst kurz auf acht bzw. neun davon eingehen.

Faktor 1: Vererbung
Hiermit sind von unseren Vorfahren genetisch vererbte körperliche Merkmale gemeint. Auf diese Merkmale haben wir keinen Einfluss, z.B. unser biologisches Geschlecht, unsere Augenfarbe, die Hautfarbe usw. – diese Entscheidung wird schon bei der Verschmelzung von Ei- und Samenzelle getroffen und ist dann unumkehrbar.

Faktor 2: Sexuelle Orientierung
Auch diese wird bereits bei der Verschmelzung der Keimzellen festgelegt (ich folge hier William R. Rice u.a., siehe z.B. http://www.zeit.de/2013/11/Homosexualitaet). Auf heutigem Kenntnisstand unterscheidet man hier zwischen hetero-, homo-, bi- und asexuell veranlagten Menschen, d.h. ob sich jemand auf das andere Geschlecht, das eigene, auf beide oder gar keines sexuell orientiert. Diese Prägung ist also keine Entscheidung (oder gar Krankheit, wie manche Menschen lange glaubten), sondern ebenso Teil der angeborenen Persönlichkeit wie die Händigkeit oder das Muster der Retina im Auge.
Der Mechanismus dahinter ist wohl der, dass es zwei Genabschnitte gibt, die für die sexuelle Orientierung zuständig sind und diese durch einen „Schalter" epigenetisch aktiviert werden. Meist geschieht das so, dass bei Söhnen der gleiche Schalter wie beim Vater, bei Töchtern der gleich wie bei der Mutter aktiviert wird; jedoch kommen hier auch Fälle vor, bei denen ein Sohn den aktiven Schalter der Mutter erbt und eine Tochter den des Vaters (mit der Folge, dass die Kinder homosexuell geboren werden). Sind beide Schalter aktiviert, zeigt sich das in Bisexualität, sind beide inaktiv, in Asexualität.

Männer attraktiv   Frauen attraktiv   bisexuell   asexuell

Faktor 3: „Hirngeschlecht"

Früher glaubte man, Menschen hätten unterschiedliche Gehirne auf Grund ihres *biologischen* Geschlechts. Heute ist man hier klüger und schließt nicht vom einen (dem Geschlecht) auf das andere (die Struktur des Gehirns). Die Wahrheit scheint zwar zu sein, dass es große Unterschiede in der Hirnstruktur gibt, diese aber unabhängig vom biologischen Geschlecht angelegt sind – und zwar ausgelöst durch die Menge des Hormons Testosteron, dem der Embryo während der Hirnentwicklung ausgesetzt war. Es scheint zudem kein Entweder-Oder-Muster zu sein, sondern eine Abstufung zwischen sehr „feminin" (wenig Testosteron-Bad) und sehr „maskulin" (viel davon).

Diese Art zu denken hat aber vermutlich nichts mit anderen der hier genannten Faktoren zu tun, auch nicht mit der sexuellen Orientierung oder gar dem Naturell, auf das wir noch ausführlich zu sprechen kommen.

Klar ist aber, dass Bücher, die dem biologischen Geschlecht sehr weitreichenden Einfluss auf Charakter und Persönlichkeit zuschreiben, hier das Hirngeschlecht und das biologische verwechseln bzw. vermischen. Zudem ist es relativ schwer, objektiv und klar nachzuweisen und zu trennen, was denn nun die Konsequenzen eines „femininen" bzw. „maskulinen" Gehirns sind. *Dass* Unterschiede da sind und sich auch zeigen, bleibt ebenso unbestreitbar wie die Beobachtung, dass mehr Frauen ein „eher feminines" und mehr Männer ein „eher maskulines" Gehirn im Kopf tragen und entsprechend denken, aber eben nicht ausschließlich und nicht Entweder-Oder. Was jedoch auf dem Hintergrund dieses Persönlichkeitsfaktors verständlicher wird ist, warum sich manche Menschen wie „im falschen Körper" fühlen – nämlich dann, wenn das biologische Geschlecht eindeutig in die eine und das Hirngeschlecht extrem in eine andere Richtung geht – und das Individuum keine Brücke oder Integration zwischen beiden erreicht (bzw. die Umwelt/Kultur dies nicht zulässt).

4. Naturell

Da das Naturell das Thema dieses Buches ist, möchte ich mich an diesem Punkt nur kurz damit aufhalten. Aber so viel zur Einordnung: Seine Existenz scheint schon sehr lange bekannt zu sein, denn es hat in Form von „Temperament" oder „Konstitution" schon bei den alten griechischen bzw. indischen und tibetischen Ärzten seinen Niederschlag gefunden. Nur suchte man damals vergebens nach den Hintergründen und schrieb die beobachteten Unterschiede einer „Säfteverteilung" (Hippokrates) oder dem Einfluss der Götter bei der Menschwerdung (Ayurveda) zu, was sich aus heutiger, aufgeklärter Sichtweise natürlich nur noch schwer vermitteln lässt. Wichtig ist mir aber an dieser Stelle der Hinweis, dass es sich beim Naturellphänomen um eine angeborene Disposition handelt, die weder durch Vererbung noch durch Erziehung oder Umwelt geprägt wird.

5. Kulturelle Umwelt

Dieser Faktor prägt uns bereits vor unserer Geburt, da das Kind ja nicht nur über sein sich entwickelndes Gehör die Sprache/n der Umgebung und seiner Mutter hört und dieses Muster als normal und gewohnt verinnerlicht. Es „isst" ja auch, was die Mutter isst, übernimmt weitgehend ihren Tagesrhythmus, ihre Stimmungslage usw. und bekommt so bereits ein erstes Bild davon, wie die Welt beschaffen ist, in die es bald geboren wird. Und dann geht es erst richtig los und ein ganzes Paket an kulturellen Vorgaben prägen das Kleinkind bzw. versuchen es: Sprache, Gewohnheiten, Religion, Bildung, Beziehungsmuster, Kultur, Kunst usw. – weshalb diese Vorgaben zumindest in vorsprachlicher Zeit unreflektiert und zudem weitgehend unbewusst zur Landkarte werden, nach der wir später die Welt und uns selbst einordnen und bewerten.

6. Erziehung

Die Erziehung ist im Gegensatz zur kulturellen Umwelt stärker an einzelnen Personen festzumachen, zunächst meist Eltern und Geschwister, oft die Großeltern, Tanten, Onkels, aber auch Lehrer, religiöse Leitfiguren und nach und nach auch abstrakte Erzieher wie Buchautoren, Musiker, Künstler, denen sich der heranwachsende Mensch anvertraut, um sich zu kultivieren.

7. Biografie

Dass die individuelle Biografie einen starken Einfluss auf die Gesamtpersönlichkeit ausübt, scheint unbestritten und für jeden Leser nachvollziehbar. Nicht umsonst verändern uns Lebenserfahrungen, Schicksalsschläge, besondere Erfolge, Begegnungen oder Lebensabschnitte, die wir außerhalb des gewohnten Umfeldes verbringen, manchmal deutlich. Oft fällt uns das erst dann auf, wenn wir jemand nach einer recht langen Zeit wiedersehen und den anderen und auch uns selbst in diesem Kontakt verändert erleben. Dabei ist es nicht eindeutig, wie uns welches Erleben beeinflusst und prägt. Der Buchtitel *„Es ist nie zu spät, eine glückliche Kindheit zu haben"* von Ben Furman fasst die Erfahrung prägnant zusammen, dass uns auch die *Deutung* und *Einordnung* prägt, die wir unseren biografischen Erlebnissen geben und nicht nur die Erlebnisse selbst.

Es besteht nämlich ein entscheidender Unterschied zwischen dem, was tatsächlich geschehen ist (dem Ereignis bzw. der *Information*, die wir darüber erhalten und gespeichert haben) und der *Bedeutung*, die wir ihr geben. Hierin (in der Bedeutungsgebung) sind wir prinzipiell frei, weshalb auch Psychotherapie und Biografiearbeit Sinn macht und eine Umdeutung bzw. Neudeutung – und damit Heilung oder Versöhnung – zulässt.

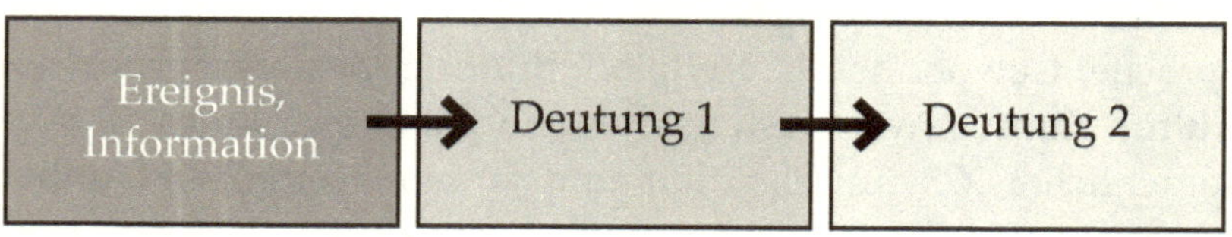

So bin ich etwa frei in der Beurteilung meiner Eltern und ihrer „Erziehungsleistung" während meiner Kindheit. Ich kann ihnen ihre Defizite vorhalten (auch nach deren Tod) oder ich kann sagen: *„Liebe Eltern, vielen Dank für alles, was ihr mir mitgegeben habt. Es war euer Bestes zu dieser Zeit. Und was ich nicht von euch bekommen habe, hole ich mir eben von anderen."*
Gerade mit einer „schweren Kindheit", nach Krisen oder po-

tentiell traumatisierenden Geschehnissen (wie dem Holocaust, einem Krieg, Gewalt, Krankheiten oder dem Verlust Nahestehender) wird deutlich, dass Menschen sehr unterschiedlich mit ähnlichen Erlebnissen umgehen – eben weil sie sie unterschiedlich verarbeiten, bewerten, gar für sich und ihre Zukunft nutzen. Diese unterschiedliche Art, das eigene Leben zu erleben und zu deuten hängt augenscheinlich von anderen Persönlichkeitsfaktoren ab, z.B. vom Naturell, der Erziehung, Bildung oder Kultur.

8. Verhalten

Was uns Menschen als bewusste Wesen kennzeichnet und vermutlich von vielen Tieren unterscheidet ist, dass wir bewusste *Entscheidungen* treffen können, die gegen unsere Impulse, unseren Instinkt oder unsere Natur gerichtet sind. Wir müssen keine Tiere töten oder essen, nur weil wir hungrig sind. Wir müssen einen anderen Menschen nicht körperlich angreifen, nur weil er mit uns um eine Ressource konkurriert. Wir können uns gegen eine erotische Beziehung oder dafür entscheiden. Dieser weitgehend freie Wille, der unser Verhalten in diese oder jene Richtung lenkt, prägt kurz- und langfristig stark unsere Persönlichkeit – oft ganz praktisch dadurch, dass wir uns für oder gegen den Konsum von Drogen entscheiden, die das Gehirn und damit die Persönlichkeit beeinflussen. Wir entscheiden uns auch für oder gegen eine Bildungsmöglichkeit, für oder gegen das Erlernen eines Instruments, für oder gegen das Einlassen auf die Beziehung zu anderen Menschen, denen wir damit gestatten, uns zu prägen oder zumindest zu beeinflussen. All dies ist weder angeboren noch Schicksal, sondern liegt in unserer Hand, auch wenn dies vielen erst spät im Leben tatsächlich bewusst wird und sie bereit sind, dafür Verantwortung zu übernehmen.

9. Zufälle

Als weiterer starker Faktor könnten „Zufälle" aufgefasst werden, etwa als (Teil-/Mit-)Ursache für die sexuelle Orientierung, das Hirngeschlecht und das Naturell, aber ebenso für den Kulturkreis, in dem wir durch unsere Eltern aufwachsen. Auch die Frage, welche/n Lehrer wir auf der Schule treffen oder welche

Bücher und Menschen zufällig unseren Weg kreuzen, gehört in diese Rubrik, die jedoch in den psychologischen Fachbüchern im Gegensatz zu den ersten acht Faktoren wohl eher selten auftaucht. Trotzdem ist der *Zufall* da und beeinflusst unsere Persönlichkeit vielfältig und von Anfang unserer Existenz an.

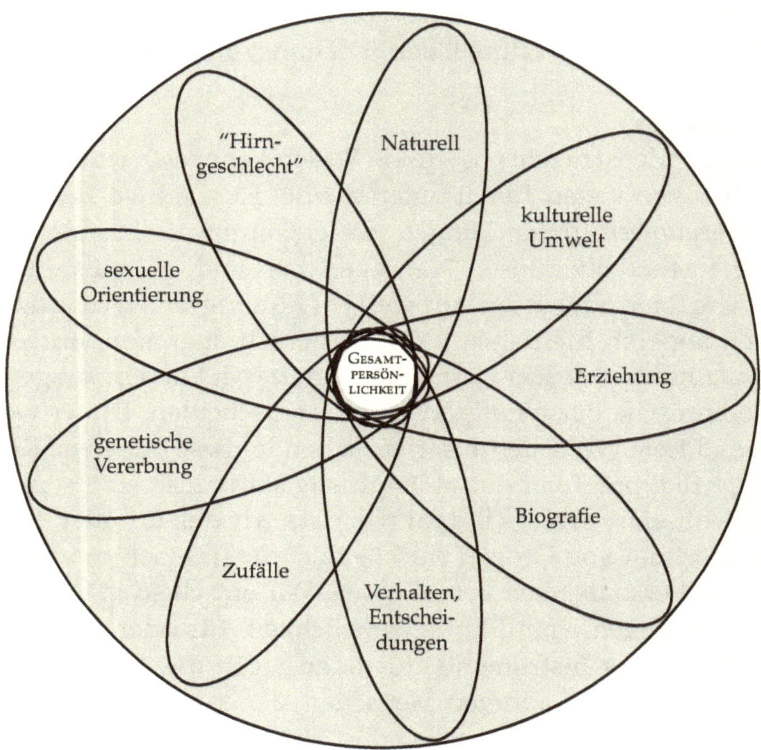

Jede Persönlichkeit (ob Mensch oder Tier) ist also automatisch eine bunte Mischung verschiedenster Faktoren, wie in der obigen Zeichnung illustriert. Wer daher auf die absurde Idee kommt, nur *einer* davon (z.B. das biologische Geschlecht oder die Kultur, in der jemand aufgewachsen ist bzw. auch sein Naturell) könnte einen Menschen vollständig und respektvoll beschreiben, erliegt damit automatisch einem fundamentalen Irrtum. Anders gesagt: Man muss einander erst genauer kennenlernen, bevor man irgendeine Art von Urteil oder Einschätzung vornimmt.

2. Kurze Geschichte der Wiederentdeckung des Naturells

Dietmar Friedmann (geb. 1937) promovierte 1976 in Stuttgart zum Dr. phil., nachdem er bereits erfolgreich sein Studium der Diplompädagogik und der Erziehungswissenschaften abgeschlossen hatte – im Anschluss an eine Ausbildung als technischer Zeichner für Stahlhoch- und Brückenbau. Er wusste also um den Wert der Praxis und beschloss daher, auch noch eine Fortbildung in Klientenzentrierter Gesprächsführung und Transaktionsanalyse zu machen, um dann vielleicht als Therapeut arbeiten zu können. Dass er ausgerechnet in dieser Weiterbildung auf die Entdeckung seines Lebens stoßen sollte, war ihm zunächst nicht klar. Zwar gab es zu dieser Zeit (in den 1980er-Jahren) einen regelrechten Boom an psychotherapeutischen Erkenntnissen inklusive vieler, meist aus den USA kommenden, experimentellen Therapieformen – da wirkte die Transaktionsanalyse von Eric Berne bemerkenswert unspektakulär und sachlich. Sie zielte vor allem auf die *Erweiterung der Selbsterkenntnis* und das *Verständnis der zwischenmenschlichen Kommunikation*; beides Themen, die Friedmann schon häufiger beschäftigten, etwa während seiner Zeit als buddhistischer Mönchsschüler.

Wie so oft in der Geschichte der Wissenschaft entstand die entscheidende Erkenntnis aus einer kleinen, von allen anderen übersehenen Beobachtung: Thema der Weiterbildungseinheit in Transaktionsanalyse war zu dieser Zeit das gerade vom kanadischen Therapeuten Stephen Karpman entdeckte „Dramadreieck": Je nach Situation – so die Annahme – würden wir Menschen in eine von drei Rollen schlüpfen, die Karpman als eine Retter-Rolle, Opfer-Rolle oder Verfolger-Rolle bezeichnet hatte. Jeder sollte also zwischen den drei Rollen hin- und herwechseln.

Friedmann beobachtete aber bei den Teilnehmern der Fortbildung ein anderes Verhaltensmuster, nämlich dass sie in den zahlreichen Rollenspielen und Übungen, ja sogar während der Pausen, eine „Lieblingsrolle" annahmen – also sich bevorzugt wie ein „Retter", „Opfer" oder „Verfolger" verhielten.

Das an sich wäre ja schon bemerkenswert gewesen, eine solche Art von „Rollen-Händigkeit", vergleichbar mit dem bekannten Phänomen, dass wir Menschen häufig eine Körperseite bevorzugen. Aber Friedmann fragte sich etwas Entscheidendes: Wenn wir eine *Lieblingsrolle* haben, zeigt sich dann vielleicht auch eine *Vermeidungsrolle*? Er begann seine heimlichen Beobachtungen genauer zu dokumentieren, machte sich kleine Namens- und Strichlisten. Und siehe da: Es tauchte ein Muster auf! Wenn jemand die Retter-Rolle als Lieblingsrolle hatte, vermied er die Opfer-Rolle. Die „Opfer" hingegen zeigten praktisch nie die Verfolger-Rolle und die „Verfolger" konnten wohl nicht viel mit der Retter-Rolle anfangen. Ohne sich dessen völlig bewusst zu sein, hatte er die erste von vielen „Triaden" entdeckt, die noch folgen würden.

Das **+** und das **–** zeigen die Dynamik zwischen der bevorzugten und vernachlässigten Rolle.

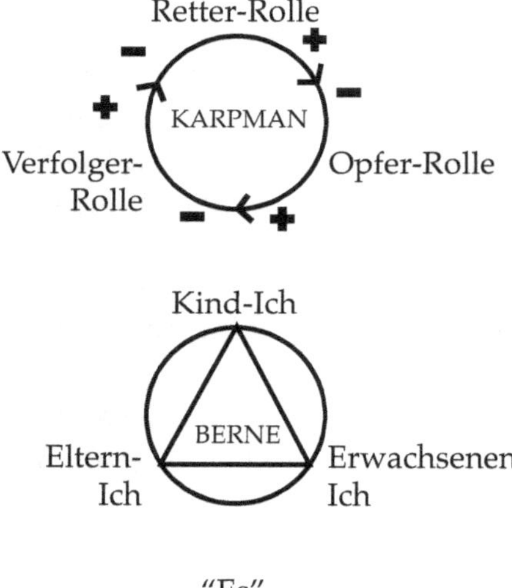

Interessant war nun, dass es bei Eric Berne bereits ein anderes Dreieck (die drei „Ich-Zustände") gab, das womöglich auch in dieses Triaden-Muster passte, ebenso bei Sigmund Freud, auf den sich Berne häufig bezog.

War es vielleicht mehr als nur eine Frage von Rollen-Gewichtungen?

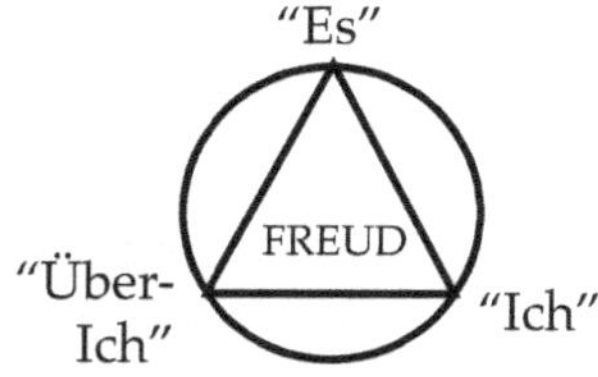

Friedmann fiel jetzt seine eigene Doktorarbeit ein. Denn auch darin tauchte eine Dreierkonstellation auf, die er als „eigengesetzliche Lebensbereiche" beobachtet und als „Emanzipation, Identität und Erkenntnis" benannt hatte, ohne sie zunächst in die Form eines Dreiecks zu fassen. So in etwa spielte sich diese Entdeckung offenbar ab, bzw. so hat es Friedmann Anfang der 2000er-Jahre *Susanne Freier*

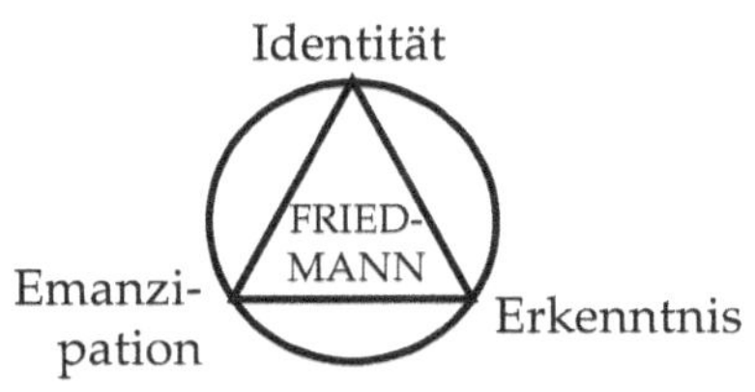

erzählt, die lange Interviews mit ihm führte und niederschrieb, was ihm noch in Erinnerung war. Vieles wurde allerdings erst im Rückblick klar, wie so oft, wenn sich aus einer komplexen Sammlung plötzlich das eine Muster herauskristallisiert, das alles andere verständlich macht. So auch hier. Es wurde nämlich klar, dass sich viele bis dato isoliert vorhandene Dreiergruppen in Form einer *Triade* darstellen und zu sinnvollen Mustern zusammenstellen lassen (hier durch gleiche Schriftart angezeigt).

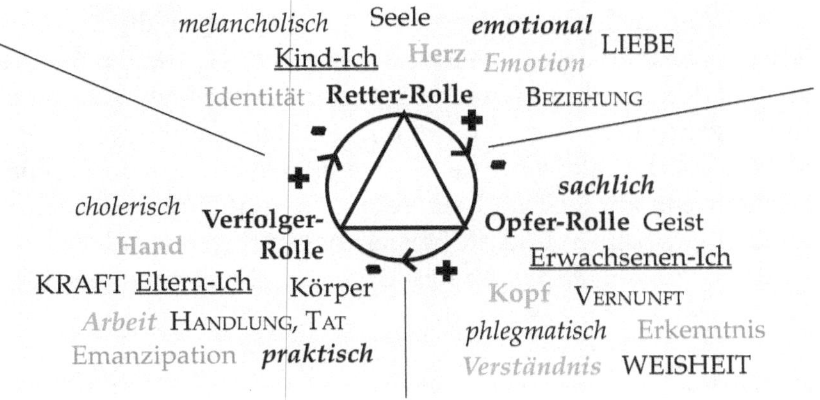

Zusammen mit dem neu entdeckten Wissen um die bevorzugte und die vernachlässigte Seite des Dreiecks entstand nun ein Cluster an Begriffen, welche die Idee aufkommen ließ, dass sich Menschen in eine von drei Gruppen oder *Typen* einteilen lassen, je nachdem, welche der drei *Seiten* sie bevorzugten – und dass diese Zuordnung viele Verhaltensmuster erklären kann.

Typen – Temperament – Konstitution – Naturell

Nun war eine Schublade geöffnet, die so schnell nicht wieder zu schließen sein würde – denn sobald der Begriff „Typen" auftauchte, boten sich zahlreiche andere Persönlichkeits-Typologien zum Vergleich an, die zum Teil schon seit Jahrtausenden, zum Teil erst seit Kurzem in Verwendung waren. Friedmann vertiefte sich in die Literatur und beobachtete nebenbei jeden, der in seine Nähe kam, zum Beispiel die Freunde seiner Kinder, wie seine Tochter Susanne auf einer Fachtagung berichtete. 1990 veröffentlichte er dann sein erstes Buch *Der Andere* und nannte seine Typologie *Psychographie* (ohne zu wissen, dass dieser Begriff bereits von mehreren Seiten innerhalb und außerhalb der Psychologie verwendet wurde und es so immer wieder zu Missverständnissen kommen würde – aber das ist eine andere Geschichte).

Damit hatte die Entdeckung einen Namen und Friedmann stellte sie bei jeder sich bietenden Gelegenheit vor, sei es Geschäftsleuten, Klienten oder Auszubildenden einer Altenpflegeschule, an der er als Dozent arbeitete. Über einen Zufall (er war zu dieser Zeit auch als Trauerredner tätig) lernte er die Studienleiterin der Freiburger *Paracelsus-Schule* kennen, die ihn als Dozent für den gerade neu angebotenen Kurs „Psychologische Beratung" engagierte. Nun fand er ein dankbares Publikum, denn alles, was sich praktisch in der Beratung verwenden ließ, war hier höchst willkommen. Und eine einfache Einteilung von Klienten in drei Gruppen und die Sortierung bereits vorhandener Gesprächswerkzeuge, passend zu diesen drei Gruppen, erschien genial und vielversprechend.

Zudem bot sich nun wieder (wie während der Fortbildung in Transaktionsanalyse) reichlich Gelegenheit zur Beobachtung. Mit der Zeit konnte Friedmann alleine am Gang eines Studierenden erraten, in welcher der drei Typengruppen er sich wiederfinden würde, womit er immer wieder Verblüffung auslöste und eine gewisse „magische Aura" verbreitete: der wissende Therapeut, der in die Seelen der Menschen schauen und sie heilen kann – wozu auch seine Erfahrung und sein Fachwissen beitrugen.

Dass es sich bei seiner Entdeckung um ein zunächst rein biologisches Phänomen handeln könnte, kam ihm nicht in den Sinn – verständlich auf dem Hintergrund seiner pädagogisch-philosophisch-psychologischen Bildung. Und obwohl er viele Typologien untersuchte und mit seinen eigenen Beobachtungen verglich (so etwa die homöopathischen Konstitutionstypen, die Konstitutionslehre von *Kretschmer* oder das *Enneagramm*), fiel ihm nicht auf, wie nahe die antiken Ärzte *Hippokrates* und *Galen* mit den „vier Temperamenten" (Melancholiker, Phlegmatiker, Choleriker, Sanguiniker) seinen drei Typen standen und sich auch hier (wenn man Melancholiker und Sanguiniker als zwei Seiten einer Medaille sieht und in einer Gruppe vereinigt) eine *Dreiertypologie* zeigt (was auch *Rudolf Steiner* offenbar entging). Hippokrates' Idee, woher diese Unterschiede ursächlich kommen könnten (seine „Säftelehre"), war wohl zu abstrus aus heutiger Sicht, ebenso die Ideen der indischen und tibetischen Ayurveda-Ärzte, die ebenfalls von drei „Konstitutionstypen" (Vata, Kapha, Pitta) ausgehen und dies bereits vor Jahrtausenden niederschrieben bzw. mündlich weitergaben.

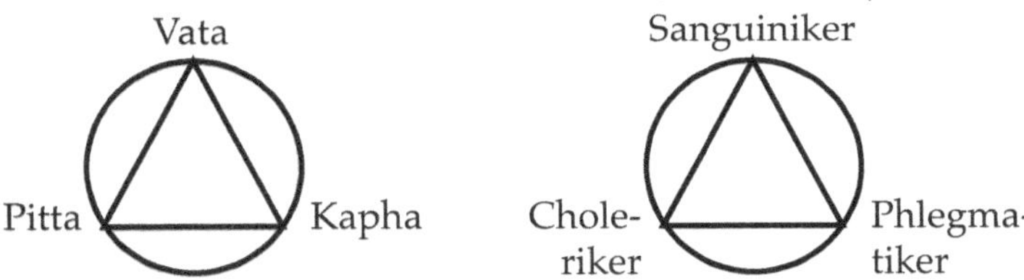

Auch die Verwandtschaft zum Pädagogen *Johann Heinrich Pestalozzi* (1746-1827), der erkannte, dass es drei Aspekte gibt, die einzeln gefördert werden müssen *(Kopf, Herz, Hand)* und dieses Muster zum Friedmann'schen passt, wurde erst von seinen Schülern erkannt, genau wie die naheliegenden biologischen bzw. epigenetischen Ursachen der beobachteten Unterschiede und die Ähnlichkeit vieler menschlicher Verhaltensformen zu denen der uns besonders nahen Primaten (Schimpansen, Orang-Utans, Gorillas). Ebenso blieb zunächst unerkannt, dass die drei Typengruppen sich auch bei Tieren zeigen. Friedmann sah den Nutzen seiner Entdeckungen vor allem für die Psychotherapie, andere, wie der Autor, erkannten jedoch sowohl den praktischen Nutzen für viele andere Bereiche (z.B. Pädagogik, Personalauswahl) als auch den Forschungsbedarf zum Thema Typen an sich.

Die drei Gruppen verstehen

Die Hypothese, die sich aus den Beobachtungen Friedmanns ebenso wie seiner Vorgänger und seiner Schüler ableitet, lautet also: Menschen reagieren unterschiedlich auf äußere Reize, weil sie unterschiedlich *gestrickt* sind, daher unterschiedlich *ticken* und die Welt aus ihrem Naturell heraus unterschiedlich, d.h. verschiedenartig gewichtet, wahrnehmen.

So sähe die Welt aus Sicht eines neutralen Betrachters aus: gleichmäßig viel von allen drei Aspekten.

So sieht die Welt für den aus, der die gelben Aspekte bevorzugt und die blauen reduziert.

Die gleiche Welt für den Blau bevorzugenden und Rot vernachlässigenden Betrachter.

Und das ist die Welt des „Roten": mehr Rot und viel weniger Gelb.

Jeder Mensch spezialisiert sich also auf einen dieser drei Bereiche (was auch immer die Ursache dafür ist) und lässt einen anderen eher links liegen. Ebenso wie wir eine starke Hand (meist die rechte) und eine schwächere haben, neigen wir auch dazu, jeweils einen Teil des Erlebens zu bevorzugen, wichtiger zu nehmen, höher einzuschätzen und einen anderen reduzierter.

In der Summe ergibt sich dann eine ganz unterschiedliche „Einfärbung" oder „Brille", durch die wir die Welt, uns selbst, andere Lebewesen oder die Beziehungen zu ihnen sehen. Mischt man diese Gewichtung aus den drei Farben Gelb, Blau und Rot, die wir hier als Symbole für die drei Gruppen verwenden, ergeben sich diese drei Farbtöne – sie sollen symbolisch zeigen, wie groß die Unterschiede im Erleben sind:

Gelb, Blau und Rot zu gleichen Teilen gemischt.	50% Gelb 17% Blau 33% Rot	50% Blau 17% Rot 33% Gelb	50% Rot 17% Gelb 33% Blau

Diese „Gewichtung" lässt sich auch anders (in klaren Farben wie vorher gezeigt) darstellen, was insofern wichtig ist, weil ich im Laufe des Buches immer wieder diese grafischen Elemente nutzen oder ihr Verständnis voraussetzen werde:

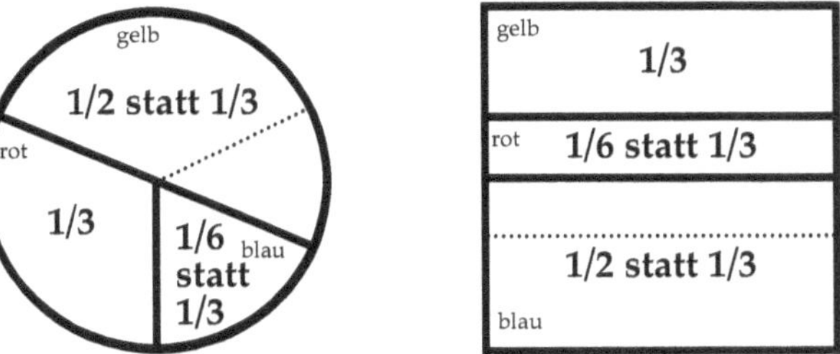

Gewichtung als Flächen oder Anteile von Flächen dargestellt (links Gelb bevorzugt und Blau vernachlässigt), rechts Blau bevorzugt und Rot vernachlässigt.

Die Grundlagen der Naturellwissenschaft sind also die von Dietmar Friedmann gemachten Beobachtungen, dass es

a) unterschiedliche Lebens- oder Erlebensbereiche gibt,
b) diese sich als so genannte "Triaden" darstellen lassen und wir
c) darin eine Neigung/Gewichtung zeigen, also eine bevorzugte und eine vernachlässigte von jeweils drei Möglichkeiten.

Daraus, aus dieser beobachtbaren *Gewichtung*, ergibt sich die Zuordnung zu einer von drei Naturellgruppen:

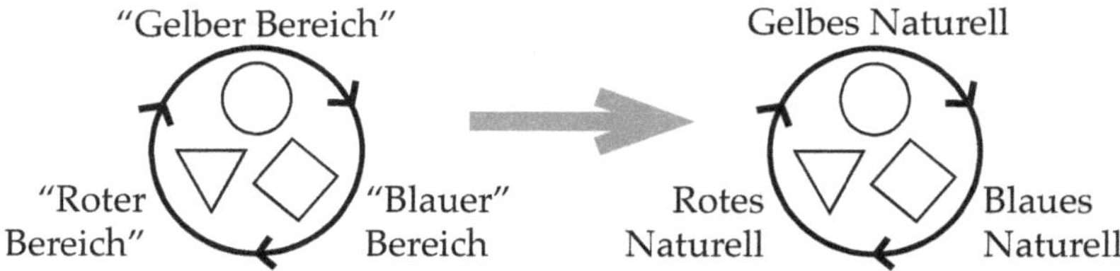

Diese drei Bereiche beinhalten neben den zuerst entdeckten, wie bereits angesprochen, ein ganzes *Cluster* von Begriffen, etwa das „Pestalozzi-Dreieck" (Herz/Kopf/Hand) oder auch später neu entdeckte Triaden wie Ja/Vielleicht/Nein, die dem jeweiligen Naturell zugeordnet werden: Sie ergeben ein Gesamtbild dessen, was mit dem Hang zu einem Bereich (Gelb/Blau/Rot) gleichzeitig bevorzugt wird.

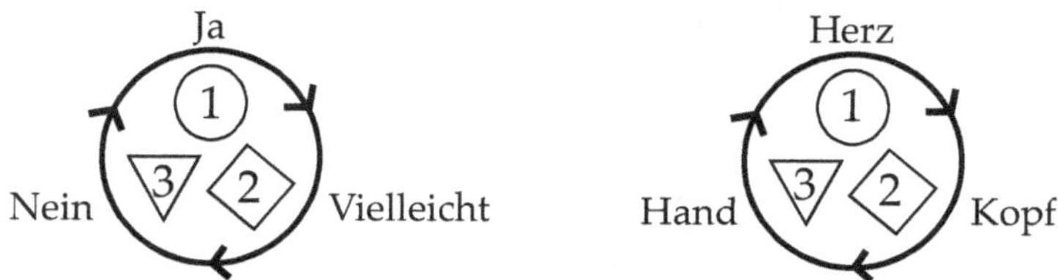

2006 führte der Autor zudem eine Nummerierung der drei Bereiche (123-Modell) ein, nachdem zuvor schon die drei Grundfarben Gelb, Blau und Rot und die drei Grundformen Kreis, Quadrat und Dreieck als Symbole definiert wurden. Alle drei (Nummern, Farben, Formen) dienen der fachlichen und vereinfachten Kommunikation, wie noch zu zeigen sein wird (in Band 2/3).

3. Erste Übung in Naturellanalyse: die eigene Zeitorientierung erkennen

Nach diesem Überblick über die Geschichte der Innovation und einem groben Einblick in die theoretischen Hintergründe soll es nun mit einer ersten Übung praktisch werden: Ich möchte Ihnen zeigen, wie Sie Ihre Zeitorientierung erkennen können.

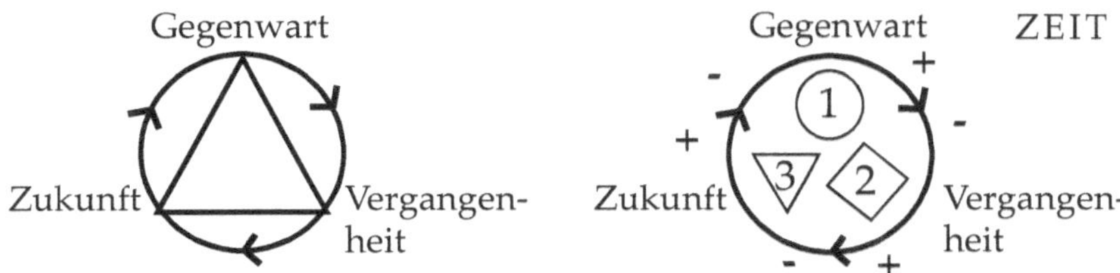

Bisher war von dieser Zeit-Triade noch nicht die Rede und sie wird auch erst im zweiten Band eine größere Rolle spielen. Sie eignet sich aber sehr gut als Übungstriade, da die drei Begriffe „Gegenwart/Vergangenheit/Zukunft" allgemein verständlich und klar definiert sind. Ob Sie lieber mit der ganz einfachen Darstellung links oder der komplexeren rechts vorlieb nehmen, macht dabei keinen Unterschied.

Die zu untersuchende Frage ist, welchen dieser drei Zeit-Bereiche Sie bevorzugen (+) und welche Sie vernachlässigen (-). Diese Triade hat aber nichts mit dem Grundtyp Ihres Naturells zu tun (also ob Sie zu den „Gelben", „Blauen" oder „Roten" gehören) – dies wird im nächsten Kapitel behandelt. Zunächst geht es um die Einschätzung ihrer eigenen *Gewichtung beim Erleben der Zeit*, also von Gegenwart, Vergangenheit und Zukunft.

Manche Leser werden sofort wissen „das ist mein Lieblingsbereich" oder dies bei ihrem Partner/Geschwister/Kind usw. bemerken. Bei sich selbst tun sich viele deutlich schwerer. Deshalb zeige ich Ihnen gleich anhand von Listen und Beispielen, wie sich die jeweilige Bevorzugung im praktischen Alltag beobachten, erkennen und dann auch praktisch nutzen lässt.

Häufig gelingt die Identifizierung des *bevorzugten* Bereichs einer Triade dadurch, dass man sich zunächst des *vernachlässigten* Bereichs bewusst wird. Dann kann man von diesem vernachlässigten aus „zurückrechnen" (eine Station im Dreieck rückwärts im Uhrzeigersinn) – und so auf den bevorzugten Bereich kommen.

Hat man etwa erkannt, dass die Zukunft der am schwächsten ausgeprägte Zeitbereich ist (weil man kaum einmal vorausplant, sich wenig Gedanken über morgen macht, keine Vorstellung darüber hat, wie das Leben in 20 oder 30 Jahren aussehen könnte usw.), dann ist es naheliegend, in der Vergangenheit den bevorzugten Bereich zu vermuten.

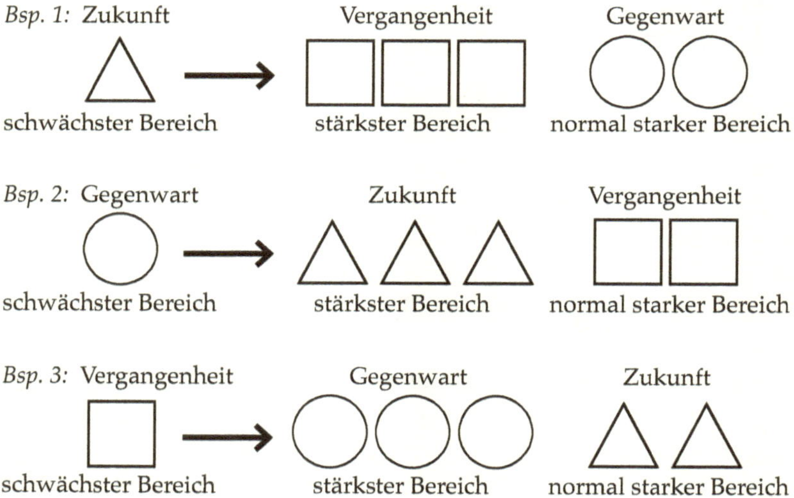

Die Analyse der Triade *Zeitorientierung* ist eine von vier Triaden, die im Laufe einer *Naturellanalyse* untersucht werden. Die anderen drei zeige ich Ihnen vorab rechts in einer „Landkarte" – neben der Zeitorientierung (rechts unten in der Landkarte) werden wir später (in Band 2) Ihre Bevorzugungen in den Bereichen „Aktivität" und „Verbundenheit" analysieren. Jetzt geht es aber um den inneren Bereich, nämlich um Ihren *Grundtyp* (ob Sie zur Gelben, Blauen oder Roten Naturellgruppe gehören).

Die Bevorzugungen in den äußeren „Unterbereichen" sind dabei unabhängig vom Grundtyp in der Mitte und umgekehrt.

Diese „Landkarte" zeigt die vier Triaden, die in einer Naturellanalyse von Bedeutung sind. In der Mitte die drei Begriffe, die für die drei „Grundtypen" oder „Naturellgruppen" stehen:

1. Verbundenheit   für das Gelbe Naturell (Beziehungstyp),
2. Zeitorientierung   für das Blaue Naturell (Sachtyp) und
3. Aktivität   für das Rote Naturell (Handlungstyp).

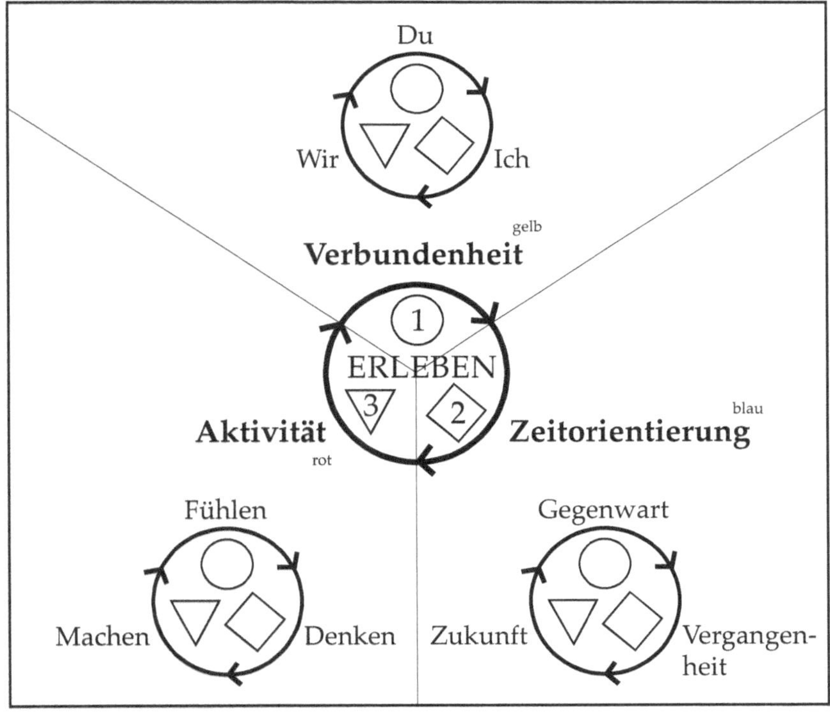

Die "Landkarte des Erlebens" mit den 12 Erlebensbereichen (drei Grundbereiche plus je drei Unterbereichen) in vier Triaden nach W.Winkler.

Der Zusammenhang zwischen den Begriffen und ihren „Farben" wird später Thema sein. Im Moment ist nur wichtig zu wissen, dass jemand mit Gelbem Naturell *nicht* automatisch auch die Gegenwart bevorzugt, obwohl auch sie gelb markiert ist.

Zunächst als Einstieg in die Analyse des Bereichs Zeitorientierung drei Beispiele: für einen gegenwartsorientierten, vergangenheitsorientierten und zukunftsorientierten Menschen:

*Beispiel für einen **gegenwarts**orientierten Menschen:*
Georg lebt mit seinen über 40 Jahren immer noch bei den Eltern, auch wenn er beruflich schon lange auf eigenen Beinen steht. Immer wieder ist zwar von einer eigenen Wohnung die Rede, aber am nächsten Morgen hat er seine Pläne bereits verdrängt und konzentriert sich auf die Aufgaben des Tages. Als Student jobbte Georg bei einem Geldtransportunternehmen, wurde aber nach zwei Wochen wieder entlassen, weil er auf dem Weg durch die Fußgängerzone einen Geldkoffer vor einem Schaufenster stehen ließ, in dessen Auslage er sich nur kurz, aber intensiv, vertieft hatte. Er konnte sich nicht entschließen, in die Musikalienhandlung zu gehen, war aber noch so bei den dort ausgestellten Produkten, dass er glatt den schweren Koffer stehen ließ und ohne ihn beim Fahrzeug ankam, das auf ihn wartete. Der wartende Kollege hatte zwar nach dem ersten Schrecken Verständnis und der Koffer war von einem Passanten im Musikladen abgegeben worden, aber den Job war er los.
Dafür schloss er sein Informatikstudium erfolgreich ab und gilt heute als eine wesentliche Stütze seines Unternehmens. Hier kann er tage- und wochenlang konzentriert an umfangreichen Programmen tüfteln, ohne dass er gestört wird. Für jeden Tag macht er sich detaillierte, tagebuchartige Aufzeichnungen, um seine Merkschwäche zu überlisten. Seinen Kalender trägt er sowieso ständig bei sich, um keinen Termin zu vergessen. Trotzdem musste er neulich gleich drei Mal in den Baumarkt fahren, um für seinen Vater eine Kabeltrommel zu kaufen. Zweimal hatte er sich von interessanten Produktvorführungen ablenken lassen und den Einkauf vergessen.

*Beispiel für einen **vergangenheits**orientierten Menschen:*
Verena ist Bibliothekarin und bekannt für ihr phänomenales Gedächtnis. Das kam ihr schon in der Schule und Ausbildung zugute, weil sie sich die Einzelheiten und Fakten weit bes-

24

ser merken konnte als die meisten anderen Schüler. Bei ihrer Arbeit nutzt sie ihr Talent vielfältig – die meisten Bände in den Regalen würde sie auch im Dunkeln finden, selbst in vielen Inhaltsverzeichnissen kennt sie sich mittlerweile aus. Und manche Besucher wundern sich, wie sie sich auch ohne einen Blick in den Computer an die Namen und die zuletzt verliehenen Bücher eines Besuchers erinnern kann. Für sie hingegen ist das nichts Ungewöhnliches – im Gegenteil, es belastet sie immer mehr, je älter sie ist und je voller ihr „Speicher" wird. Trifft sie beispielsweise eine frühere Schulkameradin, bleibt es nicht aus, dass die alten Geschichten wieder präsent sind, als sei alles erst fünf Wochen und nicht 25 Jahre her. Einen richtigen Rucksack an Erinnerungen trägt sie mit sich herum, so ihr Eindruck.

Die Zukunft dagegen erscheint ihr wie eine graue Nebelwand, die nur langsam zurückweicht, wenn sie sich ihr nähert. Sie kann ihrem Partner auch nach sieben Jahren des Zusammenseins noch nicht sagen, wann sie ihn heiraten möchte. Aber sie schätzt es, dass er stets im Januar den Jahresurlaub plant und ihr so zu einer früher unbekannten Vorfreude verhilft. Sie hat sich inzwischen selbst einen Zehn-Jahreskalender gekauft und liebt es, die Seiten voraus zu blättern und sich Wunschtermine mit Bleistift einzutragen.

 *Beispiel für einen **zukunfts**orientierten Menschen:*
Professor Zacharias leitet das Institut für Zukunftsforschung an einer weltbekannten Universität; eine Aufgabe, die wie für ihn geschaffen ist, wenn man sieht, mit welcher Intuition er Entwicklungen voraussieht und Trends aufspürt. Diese Fähigkeiten hat er sich jedoch nicht erarbeitet, sie waren ihm schon in die Wiege gelegt und früh aufgetaucht. Fragte man ihn etwa als Grundschüler, was er einmal beruflich werden wollte, kam mit unglaublicher Gewissheit und fester Stimme aus ihm heraus: „Universitätsprofessor". Zunächst aber verblüffte er seine Spielkameraden damit, dass er wusste, wann man mit dem Zusammenpacken anfangen muss, um nicht vom Regen überrascht zu werden. Einmal ahnte er, dass der sehr gesund wirkende Großvater bald sterben würde. Er behielt es aber für sich und machte sich

lange Vorwürfe, es niemandem gesagt zu haben. Sein Studium finanzierte er in der Einkaufsabteilung eines Möbelhauses; treffsicher suchte er aus den zahlreichen Kollektionen heraus, was sich im nächsten Jahr verkaufen würde. An diese Erfahrungen erinnerte er sich, als das neue Institut gegründet wurde. Sobald er die Ausschreibung las, hatte er das sichere Gefühl, dass er der erste Leiter sein würde – und so kam es auch. Nach Feierabend jedoch lässt er die Zukunft dort, wo sie ist und genießt den Augenblick. Das hat er von *Hartmut Esslinger*, dem berühmten Apple-Designer gelernt, der das Phänomen so beschrieb: *„Man muss vorausschauen können. Meine Frau sagt immer, dass ich zehn Jahre vorauslebe, aber nicht weiß, was jetzt gerade wirklich passiert."* (in der ZEIT vom 5.4.2018)

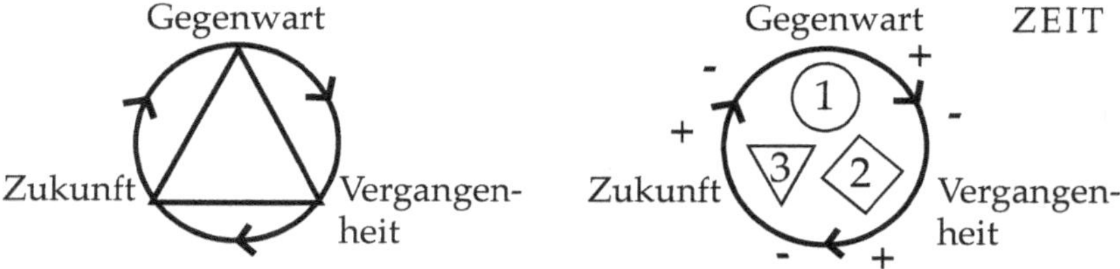

Ein Thema – drei Reaktionsmuster

Vielleicht sind Sie auch schon einmal dabei gewesen, als sich die drei unterschiedlichen Zeitorientierungen beim Blick auf das gleiche Thema gezeigt haben, etwa beim Gespräch über ein Fußballspiel, das man gerade gemeinsam angeschaut hat. Der Gegenwartsorientierte ist noch ganz im Augenblick gefangen (Sieg, Niederlage), der Vergangenheitsorientierte vergleicht das heutige Spiel mit denen der letzten Jahre in gleicher Konstellation oder mit den vorangegangenen Spielen seiner Mannschaft – und der Zukunftsorientierte freut sich schon auf das nächste Wochenende, das Rückspiel bzw. den Rest der Saison. Diese unterschiedlichen Betrachtungsweisen ergeben jedoch insgesamt ein weitaus genaueres Bild der Situation, als wenn nur *eine einzige* zeitliche Sicht berücksichtigt würde (also wenn zufällig drei Fans mit der gleichen Zeitorientierung miteinander sprechen).

Einige Erkennungsmerkmale für die zeitliche Orientierung

◯ *Wer die **Gegenwart** bevorzugt ...*

1. lebt ganz im Augenblick, kann *ganz da sein*, als ob die Zeit stillstehen würde; im Wortschatz kommen häufig Begriffe wie *jetzt, gerade, im Moment, augenblicklich, heute, zur Zeit* usw. vor

2. belastet oder beschäftigt sich wenig mit Vergangenem, lässt es relativ leicht hinter sich – vor allem, wenn es nicht wieder angesprochen wird

3. hat schon nach kurzer Zeit vergessen, was war oder was andere gesagt haben; auch Beleidigungen oder Verletzungen

4. ist selten nachtragend – nur in besonders schweren Fällen; möchte auch nichts nachgetragen bekommen

5. scheint häufig vergesslich zu sein, muss sich Dinge notieren oder Lernstoff kurz vor der Prüfung nochmal durchgehen; vergisst auch eigene Aussagen oder schon einmal gemachte Fehler innerhalb kürzester Zeit – wiederholt diese (z.B. eine bereits erzählte Geschichte)

6. erlebt Auseinandersetzungen mit der Vergangenheit meist als nützlich und hilfreich, besonders, wenn es um die Lösung von Problemen geht

7. bewahrt nur wenig aus der Vergangenheit auf

8. ist nach Streit oder Aufregung meist bereits nach kurzer Zeit wieder normal, als sei nichts gewesen

9. bleibt beim Aufwachen eher noch einen Moment im Augenblick anstatt lange über die zurückliegende Nacht oder den kommenden Tag nachzudenken

1. erinnert sich detailliert an sehr viele frühere Ereignisse (auch an Menschen, Orte, Zahlen, Details), die andere längst vergessen haben – auch in Träumen kehrt oft Vergangenes zurück

2. hat manchmal Heimweh nach früheren Zeiten oder Angst, dass sich alles wiederholt; wünscht sich z.B. seine Jugend, die Zeit vor der Rente, die Zeit mit den Kindern etc. zurück

3. zeigt sich relativ nachtragend, vergisst nur selten etwas (auch Gutes); im Beruf häufig eine große Sammlung an Detailwissen über frühere Geschäftsvorgänge inkl. Erinnerungen an Kunden und deren Verhalten („das wandelnde Archiv der Firma")

4. kann sich nur schwer der Zukunft zuwenden; sträubt sich, langfristige Planungen zu tätigen oder Verpflichtungen einzugehen, die für längere Zeit binden und festlegen

5. tut das Definieren und Formulieren von Zielen, Plänen oder Zukunftsträumen gut, genauso die Vorausplanung des Tages

6. behält einmal Gelerntes intensiver als andere (z.B. Wissen aus der Schulzeit); tut sich aber meist schwerer damit, etwas Neues abzuspeichern, da es mit dem schon großen „Vorrat" konkurriert

7. bewahrt relativ viele Dinge auf, die aus der Vergangenheit stammen (z.B. Fotoalben, Kontoauszüge, Erinnerungsstücke, alte Geräte, Postkarten, Geldscheine, Quittungen, Akten, Kleidungsstücke); fährt länger ein Auto oder Fahrrad, wirft keine alten Schuhe weg usw.

8. erinnert sich z.B. an Todestage oder Geburtstage eher als andere; zeigt evtl. an Wiederholungstagen ähnliche Gefühle, Gedanken, Verhaltensweisen wie früher; besucht häufiger den Friedhof, die Orte seiner Kindheit oder alte Freunde

▽ *Wer die **Zukunft** bevorzugt ...*

1. richtet sich meistens auf das aus, was als Nächstes kommt / was noch bevorsteht; plant den Tag, die Woche usw. ganz automatisch vorausblickend

2. erlebt die vermutete Zukunft so real, dass dies Anlass für Vorfreude, entsprechende Aktivitäten, Sorgen oder Ängste ist

3. verpasst häufig den Moment, weil mit den Gedanken / Gefühlen / Planungen bereits in der Zukunft lebend (mehr Gegenwartsbezug tut ihm gut)

4. erlebt das Phänomen, vom Augenblick festgehalten zu werden (z.B. durch starke Faszination – ein Mensch, ein Erlebnis, ein Buch, ein Film, ein Gespräch), als etwas ganz Besonderes

5. kauft sich früh im Jahr den neuen Kalender, legt neue Jahresordner an; plant den Ruhestand etc.

6. wünscht sich Informationen über die Zukunft und richtet sich automatisch danach aus (Beziehungen, Geld, Job etc.); plant Projekte meist von ihrem Ende oder ihrem erhofften Ergebnis her

7. hat ein Faible für Science-Fiction, Zukunftsforschung etc.

8. hat meist eine genaue Vorstellung, wie die Zukunft (die eigene, die des Gegenübers oder der ganzen Welt) aussieht und kann auch darüber reden, als sei dies sehr sicher

9. hat regelmäßig beim Aufwachen den bevorstehenden Tag klar vor sich; kommende Termine (z.B. ein Zahnarzttermin am Ende der Woche) beeinflussen schon vorher deutlich die Stimmung – sowohl im Guten wie im Negativen; das Erleben von Vorfreude oder Vorab-Ängsten usw. spielt beständig eine Rolle für ihn; möchte als Kind gerne schon älter sein, bei Beginn der Schul- / Ausbildungs- / Studienzeit schon an ihrem Ende usw.

Haben Sie Ihre Bevorzugung im Zeitbereich schon erkannt?
Falls nicht, kann es weiterhelfen, die Beschreibungen von jemand
lesen zu lassen, der Sie gut kennt und dann eine Einordnung (nur
im Sinne einer vorläufigen Vermutung) für Sie vornehmen kann.
Falls nicht, helfen Ihnen vielleicht die folgenden praktischen
Tipps dabei, Ihre bevorzugte Zeitdimension zu erkennen.

◯ *Tipps für den Umgang mit gegenwartsorientierten Menschen:*
Bevorzugt gegenwartsorientierte Menschen stellen automatisch die augenblicklichen Aspekte einer Sache (Aktivität, Be-
ziehung) in den Vordergrund. Dieses starke Bewusstsein für die
Gegenwart führt allerdings leicht zu einer Vernachlässigung der
Vergangenheit mitsamt ihren evtl. wichtigen oder nützlichen
Erfahrungswerten. Die bewusste Erinnerung oder das Nachle-
sen in alten Unterlagen, auch das Führen eines Tagebuchs oder
das Anlegen eines Archivs kann daher von Vorteil sein. Wenn
Sie selbst nicht gegenwartsorientiert sind, mag Ihnen ein Gegen-
wartsorientierter zu sehr im *Hier und Jetzt* leben; aus seiner
Sicht ist das jedoch normal. Interpretieren Sie es also nicht aus
Ihrer, sondern aus seiner Sicht, was er tut oder lässt. Möchten
Sie gemäß seiner zeitlichen Orientierung mit ihm umgehen und
sich auf ihn einstellen, bleiben Sie einfach so gut es geht im Augenblick – bis er von selbst einen anderen Zeitraum nutzt. Sie
können auch bewusst anerkennen, was dieser Mensch in der Vergangenheit Positives geleistet hat oder darüber sprechen, was
Sie gemeinsam schon erlebt haben – so helfen Sie mit, den eher
schwachen „Vergangenheits-Muskel" zu aktivieren / zu trainieren.

◯ *Typische Problematik für Gegenwartsorientierte:*
Das wohl typischste Problem der gegenwartsorientierten Menschen ist ihr Hang zur Vergesslichkeit dort, wo es notwendig
wäre, sich zu erinnern. Vermutlich waren es gegenwartsorientierte Menschen, die das Tagebuch oder die Haftnotizen erfunden haben – diese Hilfsmittel gleichen die Schwachstelle ebenso gut aus wie erinnerungsstarke Freunde oder die Aneignung
einer zeitlichen Routine, so dass nicht jeden Augenblick neu entschieden werden muss, was als Nächstes dran ist. Gegenwarts-

orientierung kann auch als Unzuverlässigkeit auftauchen, wenn
Entscheidungen von gestern vom Heute überlagert werden, wie
dies etwa bei US-Präsident Trump regelmäßig auftrat.

□○ *Tipps für den Umgang mit gegenwartsorientierten Kindern:*
-   wenn das Kind etwas vergisst, was es eben noch wusste,
    legen Sie ihm das nicht als Absicht aus; dafür vergisst es
    auch Dinge rasch, die andere lange belasten würden
-   soll es etwas intensiver lernen, z.B. für eine Prüfung, hilft
    ihm die häufige Wiederholung bis kurz vor dem Termin
-   ermutigen Sie es dazu, Tagebuch zu führen, damit seine Er-
    innerungen erhalten bleiben und es später nachlesen kann,
    was es schon alles erlebt hat oder aus Erfahrungen lernt
-   machen Sie ihm bewusst vor, wie man nach Erfahrungs-
    schätzen sucht und diese dann erneut nutzt; stöbern Sie mit
    ihm in alten Archiven, Koffern auf dem Dachboden oder in
    Rezeptbüchern der Großmutter; vielleicht gibt es auch ein
    wertvolles Erbstück, das Sie ihm frühzeitig überlassen
    können und so eine Brücke in die Vergangenheit schlagen
-   wundern Sie sich nicht, wenn es Bücher zwei Mal liest
    oder Filme öfters anschaut; das scheint diesen Kindern
    ein Gefühl von Vertrautheit zu geben

◇ *Tipps für den Umgang mit vergangenheitsorientierten Menschen:*
Diese Menschen werden wie selbstverständlich die auf früher
bezogenen Aspekte einer Sache, Tätigkeit oder Beziehung berücksichtigen. Wenn Sie selbst nicht vergangenheitsorientiert sind,
könnte Ihnen diese Angewohnheit ab und zu als unpassend erscheinen, aber für den Vergangenheitsorientierten existiert die
Vergangenheit ebenso wie die Gegenwart als ein einheitlicher
Raum, in dem er mühelos agiert und von dem er sich ständig beeinflusst sieht. Wollen Sie, dass er sich von Ihnen verstanden
fühlt, können Sie in diese Art etwas einsteigen und Themen
so ansprechen, dass der Bezug zu früher automatisch mit enthalten ist – also z.B. nicht sagen: „Ich würde morgen gerne ..."
sondern „Können wir nicht wieder einmal ...".

Jedoch kann auch ab und zu ein kleiner Schubbs in Richtung Zukunft sinnvoll sein, um seine vernachlässigte Zeitorientierung anzuregen, etwa in Form einer Ideensammlung, was für das kommende Jahr möglicherweise geplant werden könnte.

◇ *Typische Problematik von Vergangenheitsorientierten:* Vergangenheitsorientierte schaffen sich immer wieder Probleme dadurch, dass sie zu sehr an dem festhalten, was sie aus der Vergangenheit begleitet und zu wenig an die Möglichkeiten denken, welche die Zukunft bereithalten könnte. Sie wiederholen zum Beispiel ein jahrelang gewohntes Verhaltensmuster, obwohl es ihnen im Grunde nicht mehr zusagt, halten an alten und längst nicht mehr fruchtbaren Freundschaften fest oder bleiben in einer einmal angenommenen Arbeitsstelle, obwohl diese keine Perspektive mehr bietet. Die Lösungsansätze bieten sich aus der vermehrten Nutzung der Zukunftsorientierung an, etwa in Form eines Blickes in die „Glaskugel", in der die erwünschte Zukunft vorgestellt wird. An diesem Anker in der Zukunft lässt sich dann das Schiff täglich ein Stück von der Vergangenheit lösen und mit ihm sicher manches von Früher mitgebrachte Problem.

◇ *Tipps für den Umgang mit vergangenheitsorientierten Kindern:*
- wundern Sie sich nicht, wenn das Kind regelmäßig von früher erzählt oder alte Geschichten ausgräbt
- drängeln Sie es nicht, sich mit der Zukunft zu befassen; tut es dies von selbst, schenken Sie diesem Ansinnen Ihre ungeteilte Aufmerksamkeit und bestärken Sie das Kind
- wenn es nachtragend ist und darunter leidet, fragen Sie zum Beispiel, wie lange (in die Zukunft) es diese Sache noch mit sich herumschleppen und wann sie es loslassen oder für erledigt erklären will
- nutzen Sie die Fähigkeit dieses Kindes, sich auch an Details zu erinnern; erlauben Sie ihm das Stöbern in alten Alben, Zeitungen, Tagebüchern oder Kisten
- schenken Sie ihm jeweils früh einen Jahreskalender und tragen Sie dort positive Termine ein, z.B. Urlaube / Feste

- erzählen Sie selbst von Ihren Zukunftsplänen oder davon, was Sie als Kind über die Zukunft gedacht haben und was davon wirklich wahr geworden ist

▽ *Tipps für den Umgang mit zukunftsorientierten Menschen:*
Diese Menschen werden gewohnheitsmäßig die zukünftigen Aspekte einer Sache berücksichtigen oder versuchen, sie zu planen und zu beeinflussen. Wenn Sie ihnen einen Gefallen tun möchten, gehen Sie ein Stück mit in diese Richtung und achten Sie gleichzeitig darauf, dass auch die Gegenwart nicht zu kurz kommt. Gerade wenn Sie selbst eher vergangenheitsorientiert sind, dürfte Ihnen regelmäßig das 'Tempo' des Zukunftsorientierten ungewohnt sein oder Stress auslösen. Werfen Sie dann ruhig Ihre eigene zeitliche Orientierung als Gewicht in die Waagschale, z.B. indem Sie ihn an frühere Zukunftspläne und deren Ergebnis erinnern. Sie können auch einen Aspekt der Zukunftsperspektive herausnehmen, der bereits in der Gegenwart eine Bedeutung hat und verstärkt darauf fokussieren, um seine Überbetonung etwas zu mildern.

▽ *Typische Problematik von Zukunftsorientierten:*
Typische Probleme des Zukunftsorientierten sind neben dem Verlust des Augenblicks als auslebbarem Zeitraum etwa das Gefühl, ständig gehetzt oder gezogen zu werden. Gerade wenn mehrere größere Projekte in der Zukunft bevorstehen, verleitet dies den Zukunftsorientierten, seine Aufmerksamkeit ganz diesen zu widmen und dadurch manche Aktivität zu vergessen, die am konkreten Tag oder der aktuellen Stunde getan werden müsste. Auch die Geduld ist sicher nicht die größte Stärke der bevorzugt auf die Zukunft ausgerichteten Menschen, da sie am liebsten mit großen Sprüngen in deren Richtung eilen würden. Lösungsansätze finden sich daher in der stärkeren Nutzung und Wertschätzung der Gegenwart mit ihren schon vorhandenen Möglichkeiten. Und als ein Mittel gegen die Tendenz, Aktivitäten in die Zukunft zu schieben bietet sich z.B. an, zunächst die Dinge von der Liste zu erledigen, die heute noch gar nicht gemacht werden müssten, sondern erst in einiger Zeit relevant

werden. So tut der Zukunftsorientierte zwar etwas für die Zukunft, aber dies doch in der Gegenwart – und wenn die Zukunft dann Gegenwart wird, ist das zu Erledigende bereits getan.

▽ *Tipps für den Umgang mit zukunftsorientierten Kindern:*
- erlauben Sie dem Kind seine Träumereien oder das Schmieden von Zukunftsplänen, egal, wie sie aussehen
- fragen Sie ab und zu nach, was für Konsequenzen diese Pläne für das heutige Leben bedeuten oder was es tun möchte, um sie Wirklichkeit werden zu lassen
- bieten Sie ihm wo immer möglich klare Zukunftsperspektiven und schieben Sie dies nicht unnötig hinaus; es wird sonst verunsichert sein, wie ein Autofahrer, der mit Tempo 200 im dichter werdenden Nebel fahren soll
- vermutlich machen Sie ihm eine Freude mit Büchern oder Filmen, in denen es um die Zukunft geht
- wenn es ausnahmsweise einen Augenblick genießt oder von etwas Spannendem gefesselt wird, stören Sie es nicht dabei, diesen Moment auszukosten
- machen Sie dem Kind keine Angst vor der Zukunft, sondern verstärken Sie eher den Gedanken, dass diese offen und durch das, was wir heute tun, beeinflussbar ist – oder dass sich das Leben im Heute auch dann lohnt, wenn die Zukunft absehbar negativ verlaufen wird
- Zukunftsorientierte neigen dazu, den Wert einer Sache vor allem anhand ihrer Dauerhaftigkeit zu bestimmen; hier kann Aufklärung darüber, dass auch kurzfristiges Vergnügen oder Kurzlebiges (wie ein Hamster) ebenso einen Wert hat und Langlebigkeit nichts über die Qualität aussagt

Nachdem Sie nun mit Hilfe der Analyse Ihrer Zeitorientierung die (hoffentlich erfolgreiche) erste Übung in Naturellanalyse gemacht haben und wissen, welchen der drei Zeitbereiche sie bevorzugen, soll es nun um das Hauptthema dieses Bandes, die drei *Grundtypen* oder *Naturellgruppen* gehen. Was macht die drei Naturelle aus, wie erkennt man sie im Alltag bei anderen und bei sich selbst, wie geht man mit ihnen bestmöglich um?

4. Beschreibung der drei Naturellgruppen

Auf den ersten Blick scheint es schwierig zu erkennen, welcher der drei Bereiche der Lieblingsbereich eines Menschen ist, aber mit etwas Übung oder Anleitung kann man die Muster bei den allermeisten Menschen, die man beobachtet, gut erahnen.
Bevor ich die drei verschiedenen Muster genauer beschreibe, zunächst eine grobe Kurzfassung zur ersten Orientierung in Form von drei gewichteten Quadraten und prägnanten Erkennungsmerkmalen zu den drei Naturellgruppen („Grundtypen"):

<table>
<tr><td>

3

Bereich Aktivität
(Tätigkeit, Arbeit, Körper, Äußeres,
Negatives, Ziele, Aufgaben, Kampf …)

2

Bereich Zeitorientierung
(Sachthemen, Existenz, Dasein, Geist,
Ökonomie, Raum, Ernstes, Neutrales …)

Bereich Verbundenheit
(Beziehung, Herz, Emotion, Spaß, Liebe,
Positives, Kindliches, Schönes …)
1

</td><td>

3

Bereich Aktivität
(Tätigkeit, Arbeit, Körper, Äußeres,
Negatives, Ziele, Aufgaben, Kampf …)

2

Bereich Zeitorientierung
(Sachthemen, Existenz, Dasein, Geist,
Ökonomie, Raum, Ernstes, Neutrales …)

Bereich Verbundenheit
(Beziehung, Herz, Emotion,
Spaß, Liebe, Positives,
Kindliches, Schönes …)

1

</td></tr>
<tr><td>

So sähe das Leben bei einer
gleichmäßigen Verteilung aus

</td><td>

Und so sieht es für jemand
mit Gelbem Naturell aus

</td></tr>
</table>

◯ Menschen, die den Bereich Verbundenheit bevorzugen (also ein Gelbes Naturell haben) …
… bevorzugen die „gelben Seiten" des Lebens
… vernachlässigen dafür die „blauen Seiten"

was praktisch z.B. daran zu erkennen ist, dass sie
… zum Positiven neigen, schnell 'Ja' sagen bzw. zustimmen
… dazu tendieren, sich zu wenig Zeit zu nehmen (ungeduldig)
… vielseitig interessiert und leicht ablenkbar sind
… im Gesicht zeigen, wie es ihnen emotional geht
… leicht Kontakt zu fremden Menschen aufnehmen
… sehr offen für Neues, Aufregendes, Unbekanntes sind

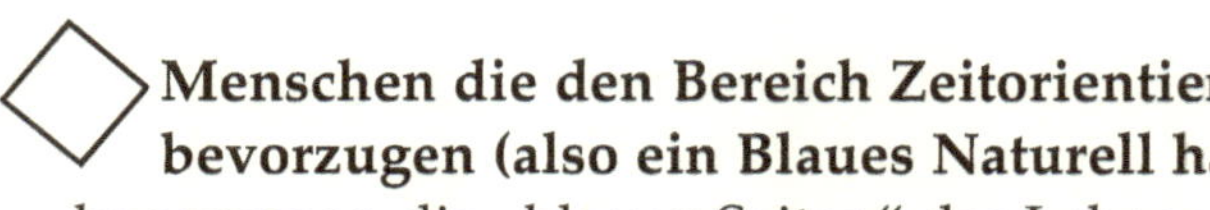

◇ Menschen die den Bereich Zeitorientierung bevorzugen (also ein Blaues Naturell haben) ...

... bevorzugen die „blauen Seiten" des Lebens
... vernachlässigen dafür die „roten Seiten"

was praktisch z.B. daran zu erkennen ist, dass sie
... schwer 'Nein' sagen oder etwas beenden können
... eine starke Motivation brauchen, um ihr Geld auszugeben
... sehr gut mit ihrer Zeit haushalten (ihr wertvollstes Gut)
... gerne Unterlagen stapeln, sich darin aber zurecht finden
... besonders vorsichtig, rücksichtsvoll und verständig sind
... mit Kritik meist nicht gut umgehen können

1 Bereich Verbundenheit (Beziehung, Herz, Emotion, Spaß, Liebe, Positives, Kindliches, Schönes ...)	**2** Bereich Zeitorientierung (Sachthemen, Existenz, Dasein, Geist, Ökonomie, Raum, Ernstes, Neutrales ...)
3 Bereich Aktivität (Tätigkeit, Arbeit, Körper, Äußeres, Negatives, Ziele, Aufgaben, Kampf ...)	**2** Bereich Verbundenheit (Beziehung, Herz, Emotion, Spaß, Liebe, Positives, Kindliches, Schönes ...)
2 Bereich Zeitorientierung (Sachthemen, Existenz, Dasein, Geist, Ökonomie, Raum, Ernstes, Neutrales ...)	**3** Bereich Aktivität (Tätigkeit, Arbeit, Körper, Äußeres, Negatives, Ziele, Aufgaben, Kampf ...)

Die drei „Grundbereiche" aus Sicht des Blauen (links) und des Roten Naturells (rechts)

▽ Menschen die den Bereich Aktivität bevorzugen (also ein Rotes Naturell haben) ...

... bevorzugen die „roten Seiten" des Lebens
... vernachlässigen dafür die „gelben Seiten"

was praktisch z.B. daran zu erkennen ist, dass sie
... rasch erkennen, was nicht in Ordnung ist oder repariert
werden muss; das Positive übersehen sie aber leicht
... genau wissen, was sie nicht wollen
... besonders zuverlässig, zielgerichtet und deutlich sind
... ihre Arbeit als den Lebensmittelpunkt sehen, weniger die
private Beziehungen (vor allem in jüngeren Jahren)

Wie unser Naturell die Gesamtpersönlichkeit prägt

Was sich auch in Forschungsarbeiten immer mehr zeigt, ist, dass Menschen in ihrer Art über ihr Leben hinweg in gewisser Weise ziemlich gleich bleiben. Wer also als Kind schon vorsichtig und detailverliebt war, wird dies sehr wahrscheinlich auch noch im hohen Alter so zeigen. Wobei selbstverständlich zwischen der *Art* eines Menschen (wozu man auch sein Naturell rechnen kann) und seinem *Verhalten* unterschieden werden sollte: Denn auch ein von Natur aus vorsichtiger Mensch kann ausnahmsweise alles auf eine Karte setzen oder das angeborene Kommunikationstalent sich ab und zu einmal in sein privates Schneckenhaus zurückziehen. Aber unter Stress sowie bei der Verrichtung gewöhnlicher Alltagsaufgaben scheint sich bei jedem von uns ein bestimmtes, typisches Grundmuster (eben sein Naturell) zu zeigen – wenn man als Beobachter weiß, worauf man achten muss.

Die Kunst der Naturellwissenschaft besteht nämlich darin, die beobachteten Verhaltensweisen dem jeweils passendsten Faktor zuzuordnen (vgl. S. 12). Also etwa nicht Eigenschaften, die vom „Roten Naturell" herrühren, fälschlicherweise dem Faktor „biologisches Geschlecht" zuzuschreiben. Oder einen sehr sozial und freundlich auftretenden Menschen (mit Gelbem Naturell) deshalb als „sehr feminin" zu kategorisieren.

Um solchen Fehlschlüssen zu entgehen und andere bestmöglich verstehen zu lernen, ist es nötig, zunächst bei sich selbst anzufangen, die eigene Gesamtpersönlichkeit (wenn man das möchte) und mit Hilfe dieses Buches das eigene Naturellmuster zu verstehen. Wichtig wäre dabei, nicht an einzelnen Merkmalen hängen zu bleiben, sondern eher das Gesamtbild zu beachten. Manche erkennen auch sehr rasch, zu welcher Naturellgruppe sie *nicht* gehören. Dies ist in vielen Fällen ein erster Hinweis, dass man zur Gruppe „pfeilrückwärts" gehört (in der Triade einen Schritt zurück von der Gruppe, bei der man ziemlich sicher ist, dass man nicht zu ihr gehört). Wer also erkennt, dass er keinesfalls zu den „Gelben" gehört, zählt wahrscheinlich zu den „Roten", wer nicht zu den „Blauen" zählt, eher zu den „Gelben" und wem schnell klar ist, dass die „Roten" nicht die eigene Gruppe sind, wird sich vermutlich früher oder später als „Blauer" erkennen.

Interessant bei der Eigeneinschätzung ist auch die Beobachtung, dass viele Leser die Naturellgruppen-Zugehörigkeit ihrer nächsten Mitmenschen (Partner, Kinder, Kollegen) schon nach kurzer Zeit erkennen, sich selbst aber nur schwer einordnen können. Man kann das nutzen, indem man hier andere um Hilfe bittet.

Und wer es genau wissen möchte und bereit ist, etwas Zeit und Geld aufzuwenden, kann sich bei einer dafür qualifizierten Fachkraft eine „Naturellanalyse" gönnen (Adressen dazu finden sich hier: www.naturellwissenschaft.org). Gerade für Paare oder auch für junge Menschen in der Berufsorientierung hat sich eine solche Analyse (die selbst am Telefon funktioniert, wenn auch nicht so gut) immer wieder als sehr nützlich erwiesen – ebenso für Teams, die sich bewusst auf das Naturell ihrer Mitglieder und den damit verbundenen Erkenntnisprozess einlassen.

Nun aber zu den ausführlichen Beschreibungen der drei „Grundtypen" auf Basis des 123-Modells (Gelbes, Blaues und Rotes Naturell) und zuvor noch einmal zur Erinnerung die entsprechende Triade aus der Mitte der „Landkarte" (vgl. S. 23):

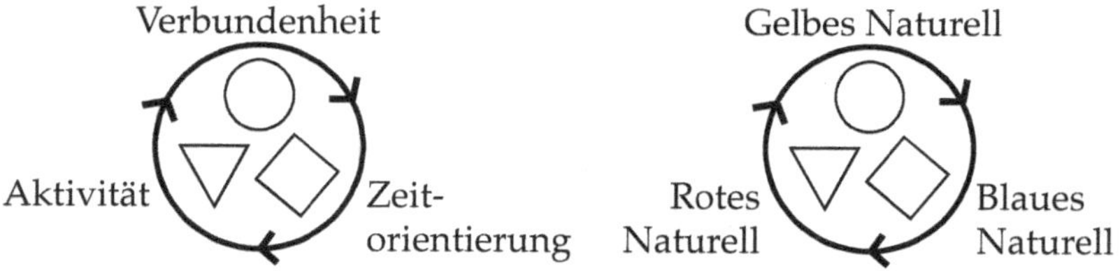

Zur Erinnerung: Die Pfeile zeigen die „Entwicklungsrichtung", also den angestrebten Ausgleich zwischen *vernachlässigtem* und *bevorzugtem* Bereich: Gelb will mehr Blau, Blau mehr Rot und Rot mehr Gelb; die drei Naturelle ergänzen also einander. Die *überbetonte Stärke* des einen ist die vernachlässigte *Ressource* des anderen, so dass auch jeder von einem anderen lernen kann.

Gelbes Naturell
(auch Beziehungstypen, Relationiker oder kurz „Gelbe" genannt)

Bevorzugter Erlebensbereich:
- Verbundenheit (Emotion, Herz, Beziehung, Relationen)

Vernachlässigter Erlebensbereich ("Ressource"):
- Zeitorientierung (Ökonomie, Dasein, Existenz, Geistiges)

Auffällige Merkmale:
- sagen oft (zu schnell) „Ja" oder „Okay"
- haben meist eine positiv-offene (unkritische) Grundhaltung
  gegenüber Themen, Projekten und Menschen
- sind vielfältig interessiert, dafür aber nur oberflächlich;
  wechseln die Interessen in rascher Folge
- zeigen im Gesicht (Mimik), wie es ihnen emotional gerade
  geht

Typische Stärken:
- kreativ und fantasievoll
- meist positiv gestimmt und offen
- Begeisterungsfähigkeit
- erkennen Zusammenhänge rasch

Was besonders ärgert:
- hilflos, ungeliebt, dumm fühlen
- für inkompetent gehalten werden
- sinnlose Dinge tun müssen

Was besonders gut tut:
- genügend Zeit und Geld haben bzw. sich nehmen
- etwas gut verstanden haben
- wenn Ideen angenommen werden

Metapherbilder für das Gelbe Naturell:
- Delfin, Schimpanse, flüssiges Wasser, munter loderndes Feuer

Menschen die mit einem Gelben Naturell geboren wurden, fällt es leicht, rasch private, persönliche Beziehungen zu knüpfen, da ihnen ja der Erlebensbereich „Verbundenheit" wie eine zweite Haut mitgegeben wurde. Dafür tun sie sich mit dem Bereich Zeitorientierung schwer, also etwa mit der Sorge um die Ökonomie, ihre finanzielle Lebensgrundlage, Daseinsvorsorge oder mit einem geistigen Fundament und tieferen Sinn für ihr Leben.

Fragt man solche „Beziehungstypen" wie es ihnen geht, sagen sie oft „alles in Ordnung, kein Problem"; denn wenn sie an etwas leiden, dann eher an der Gesamtsituation oder ihrem emotionalen Zustand als an einem konkret benennbaren Problem. Und da die Nachfrage nach ihrem Befinden den emotionalen Zustand schlagartig hebt, sind eventuell vorhandene Sorgen für den Moment häufig vergessen. Zudem sind die „Gelben" Meister darin, eine Situation bis kurz vor dem endgültigen Zusammenbruch noch positiv zu deuten oder sich mit etwas Schönerem abzulenken (leider oft auch dadurch, dass sie sich die Situation „schöntrinken" oder sich mit Drogen und Süchten betäuben).

Für Menschen mit Gelbem Naturell ist es völlig normal, sich für alles Mögliche zu interessieren. Pro Jahr ein bis zwei neue Interessensgebiete (mit den entsprechenden Ausgaben und der großen Begeisterung) sind nichts Ungewöhnliches für sie. Dabei genügt ihnen meist eine oberflächliche Information, ein Wochenendseminar oder ein grober Einblick in ein Thema. Für die genauen Einzelheiten sind sie nur zu begeistern, wenn sie zum Fachgebiet oder (was häufiger der Fall sein dürfte) dem, der es ihnen vermittelt, einen besonderen Bezug herstellen. Erst dann wird aus der eher kindlichen und pauschalen Neugierde ein ernsthaftes, konzentriertes Interesse, für das sie dann auch längerfristig Geld und Zeit zu opfern bereit sind. Vorteil dieser Fähigkeit ist, dass sie rascher als andere einen Eindruck von einer Gesamtsituation bekommen können oder zwischen weit entfernten Wissensgebieten innovative Verbindungen herzustellen in der Lage sind. Dies ist eines der Geheimnisse ihrer Kreativität und ihres Ideenreichtums. Dass sie es bunt und vielfältig mögen, erkennt man nicht nur bei ihren künstlerischen Betätigungen, sondern auch bei der Einrichtung ihres Heims oder Gartens. Doch die Kehrseite dieser kreativen und offenen Art ist die Ablenkbarkeit und mangelnde Konzentrationsfähigkeit. Geduld zu lernen gehört somit zu ihren Lebensaufgaben, ebenso wie das Abwarten des passenden Zeitpunkts. Am liebsten würden sie fünf Dinge gleichzeitig und sofort angehen, anstatt ein bereits begonnenes Projekt zu pflegen und dann auch dessen Früchte zu ernten. Gut, wenn sich dann in der Familie oder dem Team ein mehr zeitorientierter, mit Blauem Naturell ausgestatteter Mensch befindet, der sich um Details, Konstanz oder die ökonomische Seite kümmert.

Menschen mit Beziehungstyp-Naturell zeigen (nicht nur in Beziehungsangelegenheiten) regelmäßig eine schauspielerische Begabung. Durch ihre hohe Empathiefähigkeit können sie in den jeweiligen Rollen völlig aufgehen. Dabei sparen sie auch nicht an einer Portion Dramatik, so dass der Satz „lieber die Hälfte abziehen, um die Wahrheit zu sehen" bei ihnen durchaus passend ist. Mit diesen Fähigkeiten sind Verbundenheits-Menschen aber genau die richtigen, wenn es darum geht, andere für Ideen und Projekte zu begeistern, neue Ideen oder schöne Dinge zu verkaufen. Sie lassen sich auch von Kritik oder mangelndem Erfolg nicht sofort bremsen, solange sie sich geliebt und mit den anderen Akteuren ausreichend verbunden fühlen. Im Gegenteil: Kritik und Rückschläge werden dazu genutzt, um etwas zu optimieren oder noch schöner zu machen. Die Zeit, die man sich für sie nimmt, deuten sie als Bestätigung dafür, dass man sie mag und ernst nimmt.

Denn für sie ist es wichtig, als attraktiv, anziehend oder schön zu gelten. Unter Ignoranz oder Desinteresse leiden sich nicht lange, sondern sehen sie als Ansporn, noch mehr Intensität in ihre Bemühungen zu legen. Gerne setzen sie auch ihr weit gefächertes Beziehungsnetzwerk ein, um eine Sache voranzutreiben. Für sie ist es ein Leichtes, in kurzer Zeit durch einige Anrufe oder Mails eine größere Sache auf die Beine zu stellen – wenn sie selbst begeistert und mit dem Herz dabei sind. Auf 'Befehl von oben', z.B. von einem Vorgesetzten oder den Eltern, funktioniert das jedoch nicht; im Gegenteil: So einen Menschen zu etwas bewegen zu wollen, was er selbst nicht toll oder sinnvoll findet, ist äußerst mühsam bis unmöglich (auch für ihn selbst).

Kennzeichnend für diese Menschen ist auch, dass sie leiden, wenn sie sich ungeliebt oder hilflos erleben. Genauso schlimm ist es für sie, wenn man sie von fachlich kompetenter Seite als dumm hinstellt. Dies kann leicht geschehen, wenn man ihre weit gestreute Halbbildung missdeutet und ihre emotionale bzw. soziale Intelligenz übersieht. Ebenso wie in ihrer Vorstellungswelt findet sich bei ihnen auch in ihren Büros etwas von ihren vielfältigen Interessensgebieten und ihrer Vermischung von Privatem und Geschäftlichem. Ihr Hang zu allem *Wahren, Schönen und Guten* kann Menschen anderen Naturells durchaus einmal zu viel werden, z.B. wenn die Tendenz, ihre Umgebung hübsch zu schmücken oder es perfekt haben zu wollen, über die Stränge schlägt. Dabei sind die „Gelben" Meister darin, Gegenstände liebevoll zu arrangieren oder in kreative Beziehung zueinander zu setzen.

Charakteristisch für Menschen mit Gelbem Naturell ist leider auch ihre Gutgläubigkeit, gerade in jüngeren Jahren. Sie müssen das Zweifeln, Hinterfragen, kritische Denken erst mühsam lernen. Widersprüche zu erkennen ist sicher nicht ihre Stärke, vor allem im theoretischen Bereich. Doch tritt dieser Mangel meist als Fähigkeit zu positivem Denken oder Offenheit in Erscheinung und richtet wenig Schaden an. In existenzieller Hinsicht kann die fehlende Sachlichkeit und der schwach ausgeprägte Sinn für ökonomische Realitäten dazu führen, dass sie sich ungenau informieren und so in Schulden, juristische Fallen und Abhängigkeiten geraten. Die Folgen sind nicht selten geplatzte Träume, Hilflosigkeit und im schlimmsten Fall der Absturz in Alkoholismus, Drogensucht oder Obdachlosigkeit. Und obwohl diese Menschen automatisch und oft für andere den 'Rettungsengel' spielen und dabei ihr Geld- und Zeitkonto bis an die

Grenzen belasten, fällt es ihnen enorm schwer, sich selbst ihre Probleme sachlich einzugestehen und sich Hilfe anzufordern. Oder sie werden von eigenen Problemlösungsbemühungen durch Menschen abgelenkt, denen es scheinbar noch schlechter geht, die aber im Grunde gar nicht gerettet werden wollen. Hintergrund ist hier auch das Motiv des Geliebt-werden-Wollens, das sich bis zu einer Art Sucht steigern kann. Rettung suchen Verbundenheits-Menschen instinktiv oft in der Flucht (auch in Drogen oder eine Traumwelt) oder in plötzlichem Rückzug. Doch führt dies mit der Zeit zu einem gehetzten Lebensstil, zu emotionalem Ausbrennen oder übersteigertem Misstrauen – und manchmal auch zu tiefer Hoffnungslosigkeit.

Auf Menschen mit anderem Naturell erscheinen solche Menschen häufig unernst, verspielt oder kindlich. Je nachdem wirkt dies anziehend oder wird als mangelnde Reife gedeutet. Treffen jedoch zwei derart ausgeprägte Menschen aufeinander, kommt es normalerweise zu spontanem Verständnis und dem Eindruck, einen *Seelenverwandten* gefunden zu haben.

Manchmal werde ich gefragt, welches Muster denn am häufigsten vorkommt oder ob es vielleicht in südeuropäischen Ländern mehr Gelbe Naturelle gibt als in nordeuropäischen. Hier sagt die Erfahrung der letzten Jahre, dass offenbar überall eine ähnliche, nämlich gleichmäßige Verteilung vorherrscht. Dem Grund dafür gehe ich später noch nach, wenn es um die Frage geht, was denn ursächlich für diese Unterschiede verantwortlich sein könnte. Dass in einem Land der Eindruck entsteht, hier sei ein Muster besonders stark vertreten, kann dadurch zustande kommen, dass die vorherrschende Kultur einer Gegend von Menschen eines Naturells geprägt wird. So zeigt sich etwa der Süden Deutschlands von den tatkräftigen Handlungstypen mit ihrem Hang zum Eigenheim-Bau und ihrer Fähigkeit, für das Erreichen eines Ziels eisern zu sparen und anderes dafür zurückzustellen, geprägt. Beziehungstypen hingegen fallen eher durch Geselligkeit, Gastfreundschaft, kindliche Neugier und Lebensfreude auf – Eigenschaften, die traditionell zum Beispiel in südeuropäischen, arabischen oder afrikanischen Ländern als Leitkultur anzutreffen sind. Und die hervorstechenden Stärken der „Blauen", wie deren geistigen Leistungen, ihre Genauigkeit oder Tiefe im Durchdringen eines Fachgebiets, zeigen sich eher in einer Universität oder in den Forschungsabteilungen von Pharmaunternehmen, in Universitätskliniken, Gerichten, Anwaltskanzleien und im Ingenieurswesen – ebenso in Bankhäusern, Versicherungsunternehmen oder IT-Firmen.

Prominente, die zur Gruppe der „Gelben" gehören könnten: Zu den aktuell vielleicht bekanntesten Menschen, die ich für „Gelbe" halte, gehören Papst Franziskus und Barack Obama. Kennzeichen, sie dieser Gruppe zuzuordnen, sind unter anderem ihr charismatisches Auftreten, das (bei Obama) an John F. Kennedy, Jimmy Carter und Bill Clinton erinnert (die ich ebenfalls so einordnen würde), beider Willen zur Veränderung, ihre Fähigkeit, auf fremde Menschen zuzugehen und sich rasch in neue Themen einzuarbeiten oder Zusammenhänge zu sehen. Auch ihr leichter Zugang zu Kindern weist sie als „Gelbe" aus.

Aus der Reihe der historischen Persönlichkeiten mit Gelbem Naturell könnten neben William Shakespeare mit seinen emotional berührenden Theaterstücken und Sonetten, Jesus von Nazareth mit seiner Botschaft von Liebe, Vergebung und der Verbundenheit mit allen Lebewesen, der ideenreiche Wolfgang Amadeus Mozart oder Friedrich Schiller und Johann Wolfgang von Goethe, die Dichter-Freunde der deutschen Romantik, zur gelben Gruppe gezählt werden. Weltweit bekannte Stars mit Gelbem Naturell könnten zudem Richard Gere, Tom Hanks, Eddie Murphy, Gwyneth Paltrow, Will Smith, Rowan Atkinson (Mr. Bean), Michael Jackson, Julia Roberts, Elisabeth Taylor, Juliette Binoche, Sandra Bullock, Jim Carrey, Marilyn Monroe, Britney Spears und Robin Williams, der vielseitige Schauspieler, sein. Im politischen Bereich fallen mir der frühere UN-Generalsekretär Kofi Anan als typischer „Gelber" ein, ebenso Ronald und Nancy Reagan, Tony Blair, Willy Brandt, Nelson Mandela, Richard von Weizsäcker und Michail Gorbatschow.

Weiter finden sich auf meiner Liste dieser Gruppe prominente Persönlichkeiten wie Bryan Adams, Jürgen Klinsmann, Hermann Hesse, Jacqueline Kennedy, Rod Stewart, Alf, Donald Duck, Ernie, Oliver Hardy, Prinz William, Claudia Schiffer, Snoopy, Heinrich Heine, Lady Diana, Prinzessin Victoria und ihre Mutter, Königin Silvia von Schweden sowie Grace Kelly. Als peinliches Beispiel für diese Gruppe kann US-Präsident Donald Trump gelten, als tragisches der ehemalige SPD-Kanzlerkandidat/-Vorsitzender Martin Schulz (wie auch Rudolf Scharping).

Gebrauchsanweisung für Menschen mit Gelbem Naturell
An dieser Stelle sei daran erinnert, dass wir unser Naturell eher im privaten Bereich oder unter Stress zeigen – nämlich dann, wenn wir die kulturell erlernten Rollen oder Umgangsformen teilweise oder ganz fallen lassen und uns ganz "natürlich" geben. Deshalb fällt häufig auch das Naturell eines Menschen bei einem ersten Kennenlernen kaum auf und wird erst mit der Zeit und der Intensität der Beziehung oder Zusammenarbeit deutlich.

Womit Sie bei Gelben Naturellen öfters rechnen sollten:
- nicht gehaltene Versprechen (weil zu viel versprochen)
- rasche Begeisterung, rasche Abkühlung des Interesses
- eher oberflächlich und unkritisch
- übersehen ökonomische Aspekte (Zeitaufwand, Geldbedarf)
- Hang zum „Perfekt-Haben-Wollen" (Idealismus)

Was Gelbe Naturelle eher nicht mögen:
- unfreundlich angeschaut werden (in ihren Augen)
- wenn ihre Hilflosigkeit noch von außen verstärkt wird
- wenn man sie für dumm erklärt, speziell bei Sachthemen
- kein Interesse an ihren Interessen

Was Gelben Naturellen meist gefällt:
- wenn man sie ernst nimmt, aber nicht langfristig festnagelt
- aufrichtig-offene Kommunikation
- Gefühl der Dazugehörigkeit vermitteln
- Zeit für sie nehmen, wenn sie Zeit haben

Tipps* für den Umgang mit einem „gelben" Kind:

- pflegen Sie die Beziehung und Verbundenheit, nehmen
  Sie sich Zeit, mit ihm zu spielen oder mit ihm Fragen
  nachzugehen, die für das Kind aktuell spannend sind –
  auch wenn die Interessen oft wechseln oder nur ober-
  flächlicher Natur sind
- nehmen Sie nicht jedes neue Interesse übertrieben ernst,
  z.B. indem Sie gleich eine teure Ausrüstung kaufen
- helfen Sie ihm, ein gesundes Verhältnis zu Geld und Zeit
  zu entwickeln, ohne es hier zu überfordern
- fördern Sie Wissensdrang und Konzentrationsfähigkeit
- schaffen Sie ihm eine möglichst ungestörte und ablen-
  kungsarme Umgebung zum Lesen und Lernen
- schenken Sie ihm schöne Dinge, die es sich wünscht
- achten Sie bei Kritik (die es in der Regel gut verwertet,
  wenn es sich geliebt fühlt) darauf, es nicht für dumm, zu
  klein oder unwissend zu erklären
- ermöglichen Sie ihm Herausforderungen und Chancen,
  seinem Forscherdrang nachzugehen
- eröffnen Sie ihm Alternativen und geben Sie ihm die
  Möglichkeit, die Entscheidung etwas hinauszuschieben
- wecken und stärken Sie die Fähigkeit zum Zweifeln und
  zu kritischem Hinterfragen, ebenso zu Vorsicht und Kritik
- werten Sie Fantasie-Erzählungen nicht gleich als Lügen;
  Beziehungstyp-Kinder schmücken Erlebnisse gerne aus
- erwarten Sie keinen Perfektionismus oder zu große Ausdauer, wenn es ums Aufräumen oder um Pflichtaufgaben
  geht; lassen Sie es lieber etwas in Portionen erledigen
- zeigen Sie Interesse an allem, womit sich das Kind ausdauernd, vertieft und mit Konzentration beschäftigt

* diese Tipps (für alle drei Naturellgruppen) wurden vom Autor
2001 gemeinsam mit Christa Roller und Susanne Freier gesam-
melt und für dieses Buch leicht angepasst. Viele Beispiele für
den Umgang mit Kindern finden sich auch im Buch „*Warum
Kinder so verschieden sind*" (VAK-Verlag)

Blaues Naturell
(auch Sachtypen, Temporiker oder kurz „Blaue" genannt)

Bevorzugter Erlebensbereich:
- Zeitorientierung (Ökonomie, Dasein, Existenz, Geistiges)

Vernachlässigter Erlebensbereich („Ressource"):
- Aktivität (Tätigkeit, Kraftaufwand, Körperliches, Äußerliches)

Auffällige Merkmale:
- bleiben lange beim „Vielleicht", verzögern Entscheidungen
- können schwer „Nein" sagen, etwas beenden, stoppen
- besonders rücksichts- und verständnisvoll gegenüber
  anderen, zu denen sie eine positive Beziehung pflegen
- eher passive Grundhaltung, nicht leicht zu Aktivitäten oder
  Geldausgaben zu motivieren
- nehmen Fehler und Kritik sehr ernst, leiden lange darunter

Typische Stärken:
- vernünftig, sachlich, klug (in ihrem Fachgebiet)
- vorsichtig; nehmen sich viel Zeit für ihre Themen
- ernsthaft, genau, ausdauernd
- Gelassenheit, Fachwissen, Konstanz, Geduld

Was sie besonders ärgert:
- verlieren, Verluste (finanziell, Zeit), Misserfolge
- ignoriert, vergessen und übersehen werden
- übertriebene Ordnungsliebe, die hohen Zeitaufwand fordert

Was besonders gut tut:
- (körperliche) Aufmerksamkeit und Zuwendung
- gutes Essen, Sport, Bewegung (auch „bewegt werden")
- Erfolg und Anerkennung bei eigenen Anstrengungen

Metapherbilder für das Blaue Naturell:
- Blauwal, Orang-Utan, Wasserdampf, anhaltende Glut

Menschen mit Blauem Naturell haben sich, ganz theoretisch ausgedrückt, auf die Zeitorientierung spezialisiert und im Gegenzug den Bereich *Aktivität* in seiner Bedeutung für ihr Leben reduziert. Dietmar Friedmann, der Entdecker dieses Naturelltyps, nannte ihren bevorzugten Lebensbereich zunächst *Erkenntnisbereich* und die darauf spezialisierten Menschen *Seinstypen*; diesen Begriff verwarf er jedoch nach Zweifeln (er zählt sich selbst zur Gruppe der Sachtypen) kurzfristig vor seiner ersten Präsentation wieder, wobei er durchaus zutreffend war. Denn das „Sein", oder „Dasein", vor allem *geistige Dasein*, ist von zentraler Bedeutung für diese Gruppe.

Blaue Naturelle interessieren sich also zunächst eher für Erkenntnisse, das Dasein, die Existenz oder Theorie und erst mit deutlichem Abstand für die praktischen, aktiven Seiten des Lebens oder eines Fachgebiets. Wenn es nach ihnen ginge, wäre „Grundlagenforschung" alleine genug als Lebensinhalt und die Suche nach Wissen und Verständnis der vorrangige Lebenssinn. Um diese Neigung zu verstehen könnte man auch sagen: Menschen mit Bevorzugung der Zeitorientierung erleben sich eher als geistige denn als körperlich aktive Wesen; ein prägnantes Beispiel hierfür ist der Physiker *Stephen Hawking*, dem etwas Technik und eine kleine Augenbewegung genügten, um seine Erkenntnisse mit der Außenwelt zu kommunizieren. Nicht zufällig hieß sein Thema und sein größter Bestseller „Eine kurze Geschichte der *Zeit*". Für „Blaue" (zu denen vermutlich auch Albert Einstein gehörte) ist ein *Zeitraum* etwas besonders Reales, ihre Zeit ein Kapital, mit dem sie äußerst bewusst und wertschätzend umgehen – und das auch von anderen erwarten.

Hingegen ist ihnen weit weniger bewusst, was sie durch ihr Tun oder Nicht-Tun bewirken. Dies kann dazu führen, dass sie sich den Umständen oder dem Schicksal ausgeliefert fühlen und so in eine Opferrolle geraten, die ihnen keine Möglichkeit bietet, selbst tätig Einfluss auf ihr Leben zu nehmen. Wenn sie daraufhin die Verantwortung für die aktiven Gestaltungsmöglichkeiten abgeben, entgleitet ihnen so auch das Erleben des Erfolgs; dieser wird dann eher als Glück, Schicksal oder Zufall und somit als nicht wiederholbar wahrgenommen.

Da Sachtyp-Naturelle mit der Zeit 'verheiratet' sind, sind sie wesentlich genauer, konzentrierter und mehr bei der Sache als die ablenkbaren und ablenkungsbedürftigen Beziehungstypen. Nicht zufällig finden sich in Berufen, bei denen Geduld und Ausdauer verlangt wird (wie bei der Erstellung von Computerprogrammen, in der Versicherungsbranche, der Buchhaltung oder im juristischen Bereich) überdurchschnittlich viele Menschen mit Blauem Naturell. Das Gleiche dürfte für die Mathematik, die Statistik oder für analytische Tätigkeiten gelten. „Auf die Schnelle kann ich dazu nichts sagen" oder „Da muss ich erst einmal genau nachforschen" sind für Menschen mit Blauem Naturell typische Antworten. Bevor sie Mühe, Zeit, Geld oder Kraft aufwenden und sich motivieren lassen, etwas zu tun, wägen sie die Erfolgsaussichten sehr genau ab und informieren sich ausführlich. Falls Ihnen hier die langjährige Bundeskanzlerin *Angela Merkel* einfällt, liegen Sie mit Ihrer Einschätzung ziemlich sicher richtig, da auch sie höchstwahrscheinlich (ebenso wie ihre „Konkurrenten" Helmut Kohl oder Wolfgang Schäuble) zur Gruppe der „Blauen" gehören.

Menschen mit einem Blauen Naturell haben durch diese Veranlagung zur Genauigkeit und ihren Hang, Fehler zu vermeiden, eine Tendenz zur Unentschiedenheit. Was oft eine Stärke ist, nämlich ihre Fähigkeit, den Dingen auf den Grund zu gehen und alle Aspekte eines Themas genau zu analysieren, wird ihnen (und manchmal ihren Mitmenschen) ebenso häufig zur Last. Sie bleiben dadurch lange in der Vielleicht-Haltung oder sie sagen zwar Ja, tun gleichzeitig aber alles (also nichts), um noch nicht die Konsequenzen ziehen zu müssen. Der Grund für solches Verhalten ist die Schwierigkeit des „Blauen", deutlich Nein sagen zu können. Denn durch ein Nein ist er ja vieler Optionen beraubt, was seinen Wunsch nach dem Offenhalten von Möglichkeiten widerspricht. Er ist eben besonders vorsichtig und behutsam – was ihn auch zu einem angenehmen Zeitgenossen macht. Wenn solch ein Mensch sich jedoch für ein Thema interessiert und sich außerdem einen praktischen oder finanziellen Nutzen verspricht, lernt er leicht und gründlich. Sachtypen können sich hervorragend auf den Stoff konzentrieren und selbst Details speichern. Dafür tun sie sich bei praktischen Aufgaben (der Anwendung ihres Wissens) etwas schwerer. Dieses Manko machen sie durch ihre Ausdauer (oder durch Kooperation mit praktischer veranlagten Menschen) jedoch in vielen Fällen wieder wett.

Charakteristisch für Menschen mit Blauem Naturell ist auch, dass sie mit Kritik nicht so gut umgehen können. Sie sollte man nur kritisieren oder korrigieren, wenn sie dies auch wünschen. Und selbst dann ist es besser, dies unter vier Augen zu tun, möglichst objektiv und sachlich zu bleiben und die Mühe anzuerkennen, die sie sich gemacht haben; denn Anerkennung und Beachtung sind für „Blaue" so etwas wie ihr Lebenselixier. Erleben sie sich von ihrer Umgebung ignoriert oder missachtet, können sie mutlos und lethargisch werden bzw. sich durch sonderbares, manchmal rebellisches oder gar gewalttätiges Verhalten bemerkbar machen.

Besonders ihre Anstrengungen und Erfolge sollten Anerkennung finden. Sie mögen es auch, wenn man sie körperlich wahrnimmt (längerer Händedruck, deutliche Umarmung, Berührung von Schultern oder Armen). Zur körperlichen Wahrnehmung gehören für den „Blauen" häufig auch gutes Essen, eine Massage oder Sex (wozu interessanterweise nicht automatisch eine Beziehung nötig ist). Durch sportliche Aktivitäten erleben sich diese Menschen als besonders lebendig – dann spüren sie ihren Körper, was für sie eine Steigerung ihrer Lebensqualität bedeutet. Im äußersten Fall und bei anhaltender Missachtung ihrer Bedürfnisse können sie sich körperliche Zuwendung sogar durch Krankheiten 'erkaufen'. Dies tun sie natürlich nicht bewusst, es ist manchmal aber der letzte Ausweg, um die lebensnotwendige Aufmerksamkeit zu bekommen. Trotzdem können sie ihre körperlichen Grundbedürfnisse über lange Zeit hinweg ignorieren oder Lebensumstände aushalten, an denen andere scheitern würden (vermutlich durch Aktivierung ihrer geistigen Stärke).

Da sie eine sehr ausgeprägte Leidensfähigkeit besitzen, macht ihnen das weniger aus, als überhaupt nicht wahrgenommen zu werden. Manche Schrulligkeit oder auffällige Frisur, manches Piercing, manche bunte Socke oder ein sonderbares Verhalten etwa könnte auf diesem Hintergrund besser verständlich sein – nämlich als Wunsch nach mehr Aufmerksamkeit. Weitere typische Verhaltensweisen, um Beachtung auf sich zu ziehen, sind rebellisches Verhalten, Geheimniskrämerei oder ein sehr individuelles Äußeres. Wenn Sachtypen jedoch erkennen, dass man sie auch ohne diese Auffälligkeiten bemerkt und ihre Fähigkeiten anerkennt, können sie häufig wieder darauf verzichten. Man tut also – etwa wenn man es beruflich oder in der Familie mit ihnen zu tun hat – gut daran, deren Stärken und ihr Können zu beachten und eher destruktive Aufmerksamkeitsbemühungen nach Möglichkeit freundlich-gezielt zu ignorieren.

Aufmerksamkeit tut Menschen mit Blauem Naturell gut, *Mitleid* hilft aber in der Regel nicht. Es nützt ihnen auch nicht, viel über ihre *Probleme* zu reden. Dagegen kann das Zutrauen in ihre eigene Lösungskompetenz oder die Frage nach ihren *Zielen* wahre Wunder bewirken. Dietmar Friedmann hat diesen Aspekt in seinen Büchern ausführlich beleuchtet – er nennt es 'dahinter bleiben', was soviel heißt wie: diese Menschen ihre Fortschritte und Lösungen selbst in die Wege leiten zu lassen. Auch die Aufforderung, sich an frühere Erfolge und Kompetenzen zu erinnern, motiviert sie für die aktuellen Aufgaben. Das Wissen um die „angeborene Normalität" von geringem Antrieb, Mutarmut oder ihrer vielen Ängste hingegen kann entspannen.

„Blaue" erleben sich also häufig als verletzliche, zarte, ängstliche Wesen. Sie finden schwer einen festen Halt im Leben oder bei anderen Menschen. Daher ist es verständlich, dass sie sich an jeden Strohhalm oder die erste Beziehung klammern, die sie eingehen. Sie halten lange an einer Freundschaft oder an einem Arbeitsplatz fest, auch wenn sie darunter leiden; bevor sie sich verabschieden, machen sie sich schon vorsorglich auf die Suche nach geeignetem Ersatz. Hier kommt ihnen ihre Fähigkeit zum *zweigleisigen Denken* zu Hilfe. Was auf den ersten Blick nach Treue aussieht, könnte also durchaus auf einen Mangel an Alternativen zurückzuführen sein. Findet sich eine solche, kann der Wechsel relativ plötzlich und für die Beteiligten eher überraschend stattfinden.

Beispiele für Prominente, die „Blaue" sein könnten:
Unsere derzeit weltweit vorherrschende leistungsorientierte Wettbewerbskultur macht es Sachtyp-Menschen eher schwer, ihre typischen Stärken wie Ausdauer, Tiefgang, Verständnis, Ehrlichkeit, Wahrheitsliebe, Streben nach Erkenntnissen und Gelassenheit in Erfolge umzusetzen. Zeitlicher Stress, Ergebnisdruck und die ständige Forderung nach maximaler Leistung passen nicht zum Grundmuster des „Blauen". Er weiß aus tiefstem Inneren den Wert der Langsamkeit, des *slow living* ebenso zu schätzen wie den Reichtum einer mehr auf Bildung als auf Leistung setzenden Gesellschaft. Er könnte daher durchaus ein adäquates Gegengewicht, eine Alternative für die Zukunft bieten. Auch sein sachliches Erkennen von Gefahren und Realitäten, wie es beispielsweise der (vermutete) „Blaue" Al Gore in *Eine unbequeme Wahrheit* vermittelt, gehen in diese Richtung.

Menschen mit Blauem Naturell sind daher häufig nicht in der ersten Reihe zu finden, wenn wir unter den Prominenten nach ihnen suchen. Trotzdem ergibt deren Zusammenstellung eine recht beeindruckende Liste, beispielsweise die historisch wirkungsvollen Gestalten eines Mahatma Gandhi, Buddha oder Lao-Tse, die ich für drei Menschen mit Bevorzugung der Zeitorientierung halte. Auch der geniale Albert Einstein, der frühe Physiker Isaak Newton, Sigmund Freud, der uns mit dem Unbewussten vertraut machte, Carl Friedrich Gauß als Wegbereiter vieler technischer Innovationen, C.G. Jung als Pendant zu Freud, Immanuel Kant, der Förderer von Vernunft und Aufklärung in Europa, Vaclav Havel, Karol Wojtyła und Lech Walesa, die alle drei ihren Anteil am Fall des Eisernen Vorhangs haben und Bill Gates, der aus einfachsten Anfängen und mit viel Verständnis für anwendbare Theorie ein Weltunternehmen begründete, dürften in diese Gruppe gehören. Nicht zu vergessen Charlie Brown, Woody Allen, Jodie Foster, Prinz Charles, Bob Dylan, Joe Cocker, John Lennon, Vincent van Gogh, Nathalie Portman, Meryl Streep, Nastassja Kinski, Petra Kelly, Steffi Graf, Björk, Sinéad O'Connor, Lise Meitner, Bernie Sanders und Frank-Walter Steinmeier.

Gebrauchsanweisung für Menschen mit Blauem Naturell
Ein Hinweis zuvor: Falls Sie bei einem Ihrer Mitmenschen Hinweise auf sein Blaues Naturell gefunden haben, behalten Sie es bitte vorläufig für sich. Denn diese Menschen mögen es in der Regel nicht, wenn man sie mit anderen in eine Gruppe (oder Schublade) steckt. Bei ihnen ist das Gefühl für Individualität ausgeprägter als bei anderen. Sie können ihnen jedoch durchaus dieses Buch ohne weiteren Kommentar zum Lesen geben.

Womit Sie bei „Blauen" öfters rechnen sollten:
- höherer Zeitbedarf als erwartet, z.B. in einer Warteschlange
- wenig bzw. verzögerte Entscheidungsfreudigkeit
- extreme Vorsicht, Zögerlichkeit, Fehlervermeidung
- sehr ökonomisches Verhalten
- Bedürfnis nach Aufmerksamkeit
- fehlende Ziel- oder Ergebnisorientierung
- Hang zum „Perfekt-Sein-Wollen" (selbstkritisch sein)

Was „Blaue" eher nicht mögen:
- öffentlich und / oder unsachlich kritisiert werden
- übersehen, vergessen und ignoriert werden
- Entzug von Aufmerksamkeit, Nahrung und Einkommen
- Überrumpelung, Überredung, Zwang
- große Risiken, viel Verantwortung

Was „Blauen" meist gefällt:
- gutes Essen, Ausdauer-Sportarten, Tanz (Tango!)
- Wandern, Sauna, massiert werden
- Achtung vor ihren Titeln und Erfolgen
- bequem Geld verdienen, z.B. mit Fachwissen oder Delegation
- kein Zeit- und Entscheidungsdruck

Tipps für den Umgang mit einem „blauen" Kind:

- geben Sie ihm genügend Zeit, z.B. für seine Aufgaben und
  drängeln Sie es nicht unnötig zur Eile
- vermeiden Sie nach Möglichkeit, das Kind wegen Kleinig-
  keiten oder gar vor anderen zu kritisieren; wenn Kritik
  doch notwendig ist, zeigen Sie ihm Alternativen auf, möglichst an eigenen Erfolgsbeispielen (wann war es gut?)
- fragen Sie bei kritischen Vorkommnissen (z.B. zu einer
  missratenen Schularbeit), ob es etwas dazu hören möchte;
  wenn ja, geben Sie Ihren Kommentar sachlich und gelassen ab, anerkennen Sie trotzdem das Geleistete
- berühren Sie Ihr Kind regelmäßig bzw. lassen Sie seine
  Kontaktaufnahmen zu, z.B. wenn es sich auf dem Sofa an
  sie kuschelt; Sachtyp-Kinder brauchen das besonders
- respektieren Sie Geheimnisse und Privatsphäre
- üben Sie frühzeitig, wenn es sich dafür interessiert, wie
  man Verantwortung ohne übertriebene Angst vor Fehlern
  übernimmt oder wieder abgibt, wenn es zu viel wird
- kontrollieren Sie das Kind nur ausnahmsweise; zeigen Sie
  ihm lieber, wie Sie selbst sich kontrollieren, damit es etwas
  lernen kann, falls dazu der richtige Zeitpunkt ist
- zeigen Sie ihm, wie man Nein sagt oder etwas beendet
- lassen Sie ihm Raum für körperliche Aktivitäten; lassen
  Sie es diese in eigener Art und in eigenem Tempo tun;
  gönnen Sie ihm seine Pausen *(hier folgt jetzt eine kleine
  Pause als augenzwinkernde Erinnerung)*

- ignorieren Sie das Kind nicht, auch wenn es still ist
- missachten Sie es nicht, egal, was es äußert oder tut
- schenken Sie ihm reichlich Aufmerksamkeit, besonders
  für kleine oder große Erfolge, Mühen und mutige Taten
- wenn Sie Einfluss nehmen möchten, suchen Sie eher nach
  guten Argumenten als nach Druckmitteln oder Strafen

Rotes Naturell
(auch Handlungstypen, Aktioniker oder kurz „Rote" genannt)

Bevorzugter Erlebensbereich:
- Aktivität (Tätigkeit, Kraftaufwand, Körperliches, Äußerliches)

Vernachlässigter Erlebensbereich („Ressource"):
- Verbundenheit (Emotion, Herz, Beziehung, Relationen)

Auffällige Merkmale:
- Arbeit ist Lebensmittelpunkt (auch Familienarbeit)
- häufig in Leistungs-/Kampfhaltung
- ziel- und ergebnisorientiert
- Grundhaltung eher Nein/Nicht/Negativ als Ja/Bitte/Positiv
- ziehen zu viel Verantwortung an sich
- bevorzugen eher Hochwertiges
- legen viel Wert auf Äußeres (Haus, Auto, Körper, Kleidung)
- privat harmonie- und ruhebedürftig

Typische Stärken:
- beruflich engagiert, zuverlässig
- Führungspersönlichkeit, Gerechtigkeitssinn
- hohes Pflicht- und Verantwortungsgefühl; berechenbar

Was besonders ärgert:
- in Aktivitäten blockiert werden
- Ungerechtigkeiten; Unordnung
- körperliche Schwäche; Ohnmacht, Krankheiten

Was besonders gut tut:
- gute private, vertraute Beziehungen (ohne zu viel Nähe)
- Muse für Hobbys, Spiel, Spaß
- genügend ungestörter Schlaf (meist im eigenen Bett)

Metapherbilder für das rote Naturell:
- Haifisch, Gorilla, gefrorenes Wasser, Vulkan bzw. Explosion

Menschen mit Rotem Naturell (Handlungstypen) zeigen sich als praktisch veranlagte, tatkräftige Personen, die deutlich machen, was sie können und leisten. Ihre Fähigkeiten werden deshalb in einer Leistungsgesellschaft wie unserer besonders geschätzt und sie finden sich häufig in Führungs- und Leitungsfunktionen. Durch ihre Zuverlässigkeit, Ziel- und Ergebnisorientierung ist materieller Erfolg fast wie von selbst ihr Begleiter (wenn auch häufig durch ein hohes Schuldenniveau bzw. -risiko oder Krankheiten begleitet). Auch im privaten Bereich machen sie Tatkraft und Berechenbarkeit zu wertvollen Freunden. Dabei ist es nicht einfach, einen so sehr auf Aktivität gebuchten Menschen als nahen Freund zu gewinnen, denn Beziehungsdinge und sein Privatleben handhabt er eher zurückhaltend. Für einen kollegialen Austausch über berufliche Angelegenheiten oder Freizeitaktivitäten ohne zu viel emotionale Nähe ist er in der Regel jedoch aufgeschlossen.

Typisch für „Rote" ist, dass sie regelmäßig streitlustig bis kampfbereit auftreten – vor allem, wenn es darum geht, einmal gesetzte Ziele zu erreichen oder für Gerechtigkeit einzutreten. In der Übertreibung ihrer Stärken führt dies leicht zu übertriebenem Perfektionismus, Sauberkeitswahn oder Zwanghaftigkeit. Sie sind regelmäßig bereit, Beziehungsaspekte (auch eine gesunde Beziehung zum eigenen Körper und dessen Belastungsgrenzen) für ihre Karriere oder den Erfolg zurück zu stellen. Für diese „Aktioniker" steht stattdessen ihre Arbeit, auch die Haushalts-, Garten- oder Erziehungsarbeit, ihr Schaffen und Können die meiste Zeit im Mittelpunkt ihres Lebens.

Menschen mit dieser Bevorzugung sind auch durch die Tendenz zur Nein-Haltung gekennzeichnet. Sie kann sich bis zu einer grundlegend negativen Weltsicht verfestigen und ihnen jegliche Lebensfreude rauben. Verstärkend wirkt hierbei auch das reflexartige Streben nach *immer mehr*. Der Punkt, an dem es *genug* ist, wird verpasst und das Ziel immer höher geschraubt, in der Erwartung, so das fehlende Glück im Leben zu erreichen. Am Ende einer solchen Entwicklung steht nicht selten ein psychischer Zusammenbruch, eine Scheidung, der Verlust sämtlicher Freunde und Hobbys, ein Unfall oder Herzinfarkt.

Da als Maßstab meist Perfektion angelegt wird, fühlen sich Menschen mit Rotem Naturell die meiste Zeit im Hintertreffen gegenüber ihren hohen Ansprüchen und Erwartungen. Der so aufgebaute Druck führt zu einer Rechtfertigungshaltung und zu einer enormen, auch körperlich sichtbaren Anspannung. In den seltenen Momenten, in denen sie diesen Druck loslassen können (z.B. im Urlaub, unter Alkohol, im Zusammensein mit vertrauten Menschen, ihren Tieren oder bei ihrem Hobby) zeigt sich jedoch ein lockerer und umgänglicher Mensch, den man gerne zum Kollegen, Freund oder Partner hat.

Auch die Elternrolle und der Umgang mit *Macht* ist ihnen wie auf den Leib geschneidert. Läuft es nach ihren Regeln, sind sie fair, gerecht und diplomatisch, wobei eine Neigung zum Bemuttern oder zum Patriarchentum erkennbar ist. Dies bedeutet für sie jedoch vor allem das Tätigsein zum Wohle der Familie oder Firma und nicht den Wunsch nach dem Aufbau persönlicher, auf gegenseitiger Verbundenheit basierenden Beziehungen. So ist für jüngere Handlungstypen selbst eine Partnerschaft regelmäßig eher eine stressige Arbeit oder ein Arrangement zum Erreichen eines Lebensziels (Haus, Kind, Ansehen) und weniger eine Herzensangelegenheit. Das könnte mit ein Grund für die zeitlich relativ stabilen Verbindungen sein, die bei ihnen zu beobachten sind. Denn selbst wenn die Beziehungsebene nicht sehr beglückend erlebt wird, funktioniert doch die praktische Seite des Zusammenlebens, also existiert kein Anlass für eine Änderung des Status quo. Weniger Nähe wirkt also paradoxerweise stabilisierend. Vermutlich auch auf solchem Hintergrund erproben diese Menschen ihre Beziehungsfähigkeit auffallend oft nicht mit dem angetrauten Partner, sondern mit ihren Kindern, Enkeln, engen Freunden/Freundinnen, ihren Tieren, Pflanzen oder bei der Beschäftigung mit einem Steckenpferd bzw. in einer Affäre. Handlungstyp-Mütter scheinen es hierbei leichter zu haben als -Väter, ihre weiche (gelbe) Seite auszuleben, wenn durch den engen Kontakt zum eigenen Kind während der Schwangerschaft, Geburt und Stillzeit schlummernde Beziehungs-Qualitäten geweckt werden.

Bleiben diese Seiten jedoch verschüttet und wird der aktive Anteil übertrieben angestachelt, zeigt sich ein starres Korsett aus Regeln, Kontrolle und Betriebsamkeit, das auch der eigenen Umgebung verordnet wird. Vor nahen Beziehungen und dem Aufbrechen dieses Panzers schützen sie sich dann durch Abstand wahrendes, korrektes Verhalten. Gerade in Unternehmen oder Familien, in denen „Rote" die Kultur prägen, lässt sich dieses Phänomen beobachten. Dann wird dem zahlenmäßig erfassbaren Erfolg, der Außenwirkung teurer Kleidung, großer Autos, Wohnungen und Häuser oder dem guten Ruf (bzw. der „Fassade") alles andere untergeordnet – häufig auch die Gesundheit und das eigene Liebes- und Lebensglück.

Beispiele für Prominente, die „Rote" sein könnten:
Viele prominente Persönlichkeiten, die als „Rote" in Frage kommen, finden sich unter den weltweit bekannten und erfolgreichen Schauspielern – ein Indiz dafür, dass eben nicht die Aktivität allein, sondern auch der *Spaß* an der Arbeit Erfolg bewirkt: Jean-Paul Belmondo, Kevin Costner und Harrison Ford fallen mir hier ein; aber auch Whoopie Goldberg, Demi Moore, Meg Ryan, Sigourney Weaver, Michelle Pfeiffer und Nicole Kidman. Dann Leonardo di Caprio, Brad Pitt, Jürgen Prochnow, Armin Müller-Stahl, Jack Nicholson, Johnny Depp, Mel Gibson, Robert Redford, Jane Fonda, Arnold Schwarzenegger und Bruce Willis.

Auch unter Künstlern finden sich einige, bei denen das Rote Naturell auffallend ist: Maria Callas, in deren Biografie einerseits die harte Arbeit an der Karriere und andererseits das Scheitern ihrer Bemühungen um privates Glück im Vordergrund stehen und sie zu einer tragischen Figur gemacht haben, ähnlich Elvis Presley, Amy Winehouse oder Johnny Cash, bei denen Drogen ihre Spuren hinterließen. Die Sängerin und Schauspielerin Cher und ihr Körperkult steht auf meiner Liste, Antoine de St.-Exupéry, der uns mit dem 'Kleinen Prinzen' eine Vorstellung davon hinterlassen hat, was im Seelenleben eines Handlungstyps vor sich geht. Dann Ernest Hemingway mit seinen Alkohol- und Gewaltexzessen, Madonna und ihr fast zwanghafter Hang zur Perfektion, ebenso Anastacia, Sheryl Crow und Anne-Sophie Mutter. Aus dem politischen Bereich Menschen mit so unterschiedlicher, aber in gewisser Hinsicht doch vergleichbarer Haltung: Charles de Gaulle, George Washington, George W. Bush, Elisabeth II., Wladimir Putin, Gerhard Schröder, Helmut Schmidt, Hillary Clinton und nicht zuletzt die Reformer Martin Luther und Martin Luther King. Und um noch vier weltbekannte Literaten hinzuzufügen: Simon de Beauvoir, Erich Kästner, Henry David Thoreau und Astrid Lindgren, die mit *Pippi Langstrumpf* auch ein Kind mit Rotem Naturell beschreibt.

Tipps für den Umgang mit einem „roten" Kind:
- respektieren Sie das Kind mitsamt seinem starken Willen, seinen hohen Qualitätsansprüchen oder Erwartungen
- zeigen Sie ihm wenn nötig seine Grenzen; es kann mit Anweisungen und Regeln, wenn sie gerecht sind, umgehen
- bremsen Sie öfters einmal seinen Perfektionsdrang durch ein beherztes 'Genug' und reichlich Lob für das Erreichte
- behindern Sie nicht seinen Spieltrieb, auch wenn es schon 'zu alt dafür' ist; spielen entspannt dieses Kind
- ermutigen Sie es dazu, auf fremde Menschen zuzugehen
- blockieren Sie nicht seinen Aktivitätsdrang
- behindern Sie es nicht in seinem Freiheitsdrang
- nehmen Sie ihm Verantwortung ab, wenn es sich davon zu viel auflädt; zeigen Sie ihm, dass Sie (als Eltern) sein 'Chef' sind und gut für es sorgen, solange es Kind ist
- halten Sie die Verbindung aufrecht, auch in extremen Situationen oder wenn es Streit gegeben hat
- nehmen Sie ein rasches 'Nein' nicht allzu ernst; oft meint es damit nur: Gib mir einen guten Grund, um Ja zu sagen.
- rechnen Sie damit, dass es sich genau an Regeln hält, auch wenn es unter ihnen leidet, sie manchmal sogar verschärft, was ihm insgesamt natürlich nicht gut tut

- wenn Sie etwas von ihm wollen, gestalten Sie die Forderung messbar, damit klar ist, wann das Ziel erreicht ist
- fördern Sie seine Begabungen, gerade in künstlerischer Hinsicht oder wenn es etwas Neues ausprobieren will
- kaufen Sie ihm lieber wenige, aber hochwertige Dinge; es wird sie meist gut pflegen; erfüllen Sie ihm auch einmal besondere Wünsche; leben Sie ihm vor, dass neben der Arbeit auch Raum für Spaß, Spiel und Entspannung ist
- sehen Sie ihm Defizite im sozialen Umgang nach

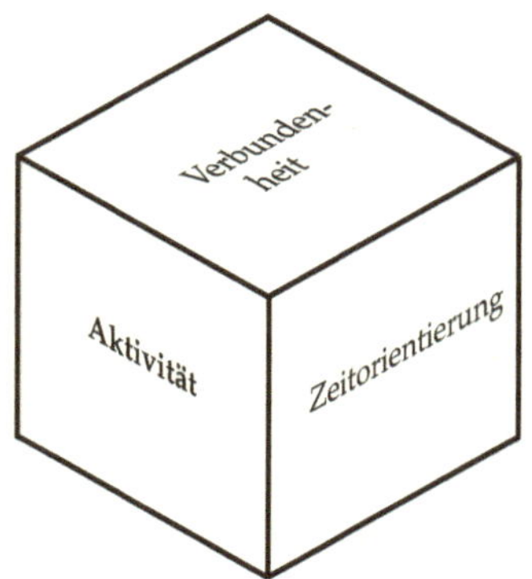

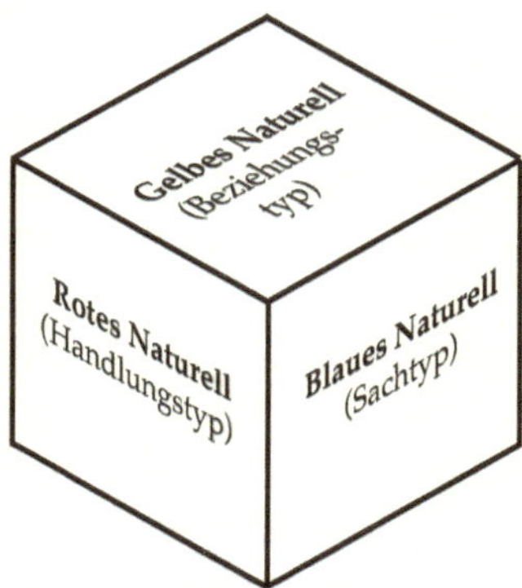

Drei unterschiedliche Perspektiven — drei darauf spezialisierte Naturelle

Erkennungsmerkmale im direkten Vergleich

Falls Sie anhand der bisherigen Beschreibungen und Beispiele noch nicht erkannt haben, zu welcher der drei Naturellgruppen Sie gehören, helfen Ihnen womöglich einige Beobachtungen und Merkmale in der direkten Gegenüberstellung auf jeweils einer Seite.

Oft ist es nämlich so, dass man bei sich oder anderen die passende Gruppe leichter im Vergleich mit den anderen beiden erkennt als in der Beschreibung an sich. Denn was wir nie vergessen dürfen: Jeder Mensch (und jedes Tier, wie gleich noch zu besprechen) trägt ja sämtliche Anteile, Potentiale und Verhaltensoptionen in sich – also die aller drei „Seiten"; nur eben in unterschiedlicher Gewichtung (was dann sein Naturell ausmacht und sich dem kundigen Beobachter auch zeigt).

Sehr typische Merkmale

Beziehungstyp (Gelbes Naturell, Relationiker)

Kreativ, ständig neue Ideen; meistens fehlt das Durchhaltevermögen, diese anhaltend zu entwickeln oder zu pflegen

Zeigt durch vielfältige Mimik, was emotional vorgeht; rascher Wechsel von 'überglücklich' zu 'todtraurig' möglich, wenn entsprechende Impulse von außen kommen oder nicht kommen (wie erhofft/erträumt)

Eher oberflächliche und ungenaue Herangehensweise an neue Themen; jedoch dadurch fähig, sich rasch einen groben Überblick zu verschaffen

Vielfältigkeit der Interessen, die sich auch in der Biografie niederschlägt und zu regelmäßigen 'Neuanfängen' tendieren lässt; gleichzeitig starke Sehnsucht nach Normalität, Konstanz und Regelmäßigkeit

Fluchttendenz, z.B., wenn er sich ungeliebt und hilflos erlebt

Sachtyp (Blaues Naturell, Temporiker)

Im Theoretischen bzw. Geistigen stärker als im Praktischen (denkt evtl. praktisch, d.h. ökonomisch bzw. wie sich der Aufwand bei gleicher Erfolgsaussicht reduzieren lässt)

Detailkenntnisse in den eigenen Fachgebieten auffallend; kann stundenlang darüber referieren; möchte stets noch mehr dazulernen

Vermeidet es, deutlich Nein zu sagen bzw. etwas abzubrechen, das schon längere Zeit besteht, zu kündigen, sich zu trennen, Telefongespräche zu beenden etc.

Kritik, Missachtung oder Ignoranz gegenüber der eigenen Person und Arbeit sehr belastend; angeforderte, sachlich vorgetragene Kritik ist okay

Nimmt sich/braucht mehr Zeit als die anderen; kultiviert die Ruhe, Pausen, das Nichtstun, die Entspannung

Handlungstyp (Rotes Naturell, Aktioniker)

Besonders praktisch veranlagt; starke Vorliebe für alles Praktische, für Arbeit und Aktivitäten jeglicher Art; kann gut bis perfekt etwas Vorgegebenes nachmachen

Deutliche Kommunikation in Worten und Gesten; direkte Konfrontation mit Unangenehmem; Angriffshaltung wird bevorzugt, auch präventiv

Liebhabereien, Hobbys oder der Umgang mit Pflanzen und Tieren werden zur Entspannung dem Umgang mit Menschen (vor allem in jüngeren Jahren) häufig vorgezogen; Ausübung des Hobbys kann zwanghafte Züge annehmen und Beziehungen belasten

Durch hohen Einsatz von Kraft und Energie gewohnheitsmäßig erfolgreich; ausbleibender Erfolg führt zu noch stärkeren Anstrengungen bis hin zum Burnout; das Motto 'viel hilft viel' taucht immer wieder auf

Alltagsbeobachtungen

Beziehungstyp
(Gelbes Naturell, Relationiker)

Sachtyp
(Blaues Naturell, Temporiker)

Handlungstyp
(Rotes Naturell, Aktioniker)

Zeitweise sehr freigebig oder ausgabenfreudig, dann wieder fast extrem sparsam/geizig; spart aber eher nicht auf eine größere Ausgabe hin – Geld wird rasch wieder ausgegeben, wenn es in größerer Menge zur Verfügung steht

Hasst Langeweile und Eintönigkeit

Freundlich, lieb im Erstkontakt; pflegt jedoch nur selten eine Bekanntschaft in vertiefter (zeitaufwändiger) Weise ausdauernd

Dramatisiert Situationen ohne Notwendigkeit (merkt es im Nachhinein meist selbst)

Selten unzufrieden, nimmt Hilfe oder Geschenke nur schwer an; selbst jedoch jederzeit bereit, die angebotene Retterrolle anzunehmen

Anfällig für oberflächliche Antworten auf tiefgehende Lebensfragen

Small talk (z.B. auf Partys) fällt schwer; bevorzugt eher Fachgespräche oder sparsame Sätze; kann in Diskussionen missionarisch wirken, wenn viel Sachverstand zu einem Thema vorhanden ist (Bsp. Al Gore – Klimawandel)

Stapelt regelmäßig Akten, Papiere, Briefe etc. auf dem Schreibtisch (in zeitlicher Abfolge); sieht sich dem Vorwurf, unordentlich zu sein, ausgesetzt; evtl. zu faul, aufzuräumen – hat andere Prioritäten, z.B. eine Pause einzulegen

Sammelleidenschaft, vermeidet es, Dinge wegzuwerfen, die noch einen Wert haben könnten; sammelt auch gerne wertvolle Dinge (Kunst, Antiquitäten) als Teil der existenzsichernden Vorratshaltung

Wechselt ohne Ankündigung das Thema, wenn ein Gespräch ihm unangenehm wird

Trinkfester als die Mehrzahl der anderen Naturelle (starke Selbstkontrolle), vor allem, wenn bereits in der Jugend mit dem Alkoholkonsum begonnen wurde; unter Alkohol oder im Urlaub lustig und gelöst (wenn die Gesellschaft stimmt)

Fehlt die regelmäßige ungestörte (Nacht-) Ruhe als Ausgleich zu anstrengender Tagesarbeit, ist das Wohlbefinden rasch und anhaltend gestört

Tendenz zu ordentlichem Garten, sauberem Bad, aufgeräumter Küche, perfekt organisiertem Büro, geputztem Auto etc. (im Sinne von 'Kontrolle von Raum und Dingen', es muss alles praktisch, funktionsfähig, ordentlich sein)

Bevorzugt hochwertige, strapazierfähige und praktische Kleidung, wenn entsprechende Mittel vorhanden sind; verausgabt sich für Repräsentationszwecke

Beobachtungen im geschäftlichen Umfeld

Beziehungstyp (Gelbes Naturell, Relationiker)	Sachtyp (Blaues Naturell, Temporiker)	Handlungstyp (Rotes Naturell, Aktioniker)
Leicht zu begeistern, kann andere begeistern (für Ideen, Produkte etc.)	Wägt genau ab, wofür Geld ausgegeben wird, braucht ein gutes Argument dafür oder muss überzeugt sein, dass sich die Investition lohnt	Tatkräftige, aktive Grundhaltung – seltener reaktiv und äußerst selten passiv (höchstens bei Überarbeitung/Erschöpfung, aus Loyalität/Solidarität oder wenn durch Krankheiten bzw. Unfälle und körperliche Schwäche ausgebremst)
Freigebig (mit Zeit, Geld, Wissen, Kontakten), z.T. bis an die Grenzen der eigenen Ressourcen	Fehlervermeidung bzw. -erkennung an oberster Stelle (unnötige Nacharbeit und Kritik vermeiden)	Zielgerichtet, ergebnis- und erfolgsorientiert
Oft in Zeit- und Geldnöten, z.B. verursacht durch die Vielfältigkeit und den evtl. raschen Wechsel der Interessen	Risikovermeidung, vorsichtig, zaghaft; jedoch manchmal Freude am Risiko, wenn es kalkulierbar ist (guter Taktiker)	Bemerkt rasch, was nicht in Ordnung ist und mahnt Verbesserungen an bzw. bringt es baldmöglichst selbst wieder in Ordnung
Realisiert Probleme nicht oder zu spät; leidet eher an der Gesamtsituation und findet so keinen Ansatzpunkt für Lösungsbemühungen oder Hilfe	Starke Motivation durch Existenzbedrohung oder Verlustangst – diese kann zu ungeahnten Kraftanstrengungen, Mühen und verstärkter Risikobereitschaft führen	Stellt selten neugierige Fragen (eher Kontrollfragen – z.B. ob Anordnungen ausgeführt wurden oder nach der Arbeitswelt des Gegenübers)
Sehr flexibel und anpassungsfähig, z.B. bei Stellenwechsel; fügt sich rasch in das neue Umfeld ein und zeigt hohe soziale Kompetenz	Kann sich jahrelang um etwas bemühen, bis der Erfolg eintritt; hat guten Riecher für Gelegenheiten, bequem Geld zu verdienen, z.B. mit Aktiengeschäften oder indem er es schafft, auch andere für sich arbeiten zu lassen	Baut nur schwer Vertrauen zu anderen (vor allem zu fremden) Menschen auf; schätzt die wenigen, zu denen es ihm möglich wird; gibt einen Vertrauensvorschuss bei Sympathie
Eher unvorsichtig – fällt durch Vertrauensseligkeit z.B. auf Geschäftemacher oder Werbung herein; danach von Kaufreue oder vom Gefühl, dumm zu sein, geplagt		

Beobachtungen aus psychologischer Sicht

Beziehungstyp
(Gelbes Naturell, Relationiker)

Sachtyp
(Blaues Naturell, Temporiker)

Handlungstyp
(Rotes Naturell, Aktioniker)

Wenn er leidet, dann unter dem Gefühl der Sinnlosigkeit, der Hilflosigkeit oder wenn er für dumm gehalten wird

Nimmt sich zu wenig Zeit, sich mit existenziellen Fragen zu beschäftigen, fühlt sich jedoch von Menschen oder Büchern angezogen, die sich damit ausführlich befassen

Muss das Zweifeln oder kritische Hinterfragen mühsam lernen; reizt es dann zuweilen übertrieben aus, wenn sich ein Gesprächspartner findet, der die Zweifel ernstnimmt

Sieht vor allem das Gute an anderen Menschen, solange es irgendwie geht (kann aber unvermutet in die Gegenreaktion wechseln und alles tiefschwarz sehen)

Sieht nur mit Mühe konkrete Probleme in seinem Leben, da eher zu positiv und emotional an sachlich-realistisch vorhandenen Themen interessiert

Ändert lange nichts, trotz Jammerns, vor allem im Berufsleben (wenn die Existenz durch eine Änderung gefährdet wäre)

Erlebt vieles, das selbst mit in die Wege geleitet / beeinflusst wurde als Glück / Zufall oder Pech / Schicksal

Bevorzugt die Verteidigungshaltung, greift selten aktiv an (wenn doch, dann zielgenau als letztes Mittel der Verteidigung)

Leidet an Unentschlossenheit, an unter Zeitdruck getroffenen Entscheidungen oder wenn die Verantwortung für Entscheidungen abgegeben wurde

Mitleid mit Schwachen und Leidenden sehr ausgeprägt; durch eigene Leidenserfahrung entsteht eine Verbindung mit dem Leidenden

Inaktive, abwartende Rolle bevorzugt; Ärger wird eher hinuntergeschluckt

Pflicht- und Verantwortungsübernahme selbstverständlich, auch bei Überlastung; Schwäche wird nicht öffentlich gezeigt, wenn, dann nur bei sehr vertrauten Personen

Rechtfertigung für eigenes (Fehl-) Verhalten wird voraus- oder hinterhergeschickt, wenn es nicht den hohen selbstgesetzten Maßstäben angemessen war ("Entschuldigung, dass ...")

Kontrollierend, angespannt, kann nur schwer lockerlassen

Wird er durch Umstände, andere Menschen, äußere Zwänge im Handlungsspielraum blockiert, behindert oder in die Ecke gedrängt, zeigt er sich eher unflexibel und reagiert äußerst gereizt (bis hin zur Verbitterungsdepression)

Tendenz zur negativen Weltsicht, das Leben wird als Anstrengung / Kampf erlebt, weniger als Spaß / Vergnügen

Lebensstil-Beobachtungen

Beziehungstyp (Gelbes Naturell, Relationiker)	Sachtyp (Blaues Naturell, Temporiker)	Handlungstyp (Rotes Naturell, Aktioniker)
Kann gut mit Kindern umgehen, kindliche Seiten zeigen und neugierige Fragen stellen	Hält an den wenigen Freundschaften langandauernd fest und pflegt diese auch, wenn Wertschätzung da ist	Gang zum Arzt wird (vor allem in jüngeren Jahren) vermieden/hinausgezögert, da es ein Zeichen von Schwäche ist und unnötig Zeit kostet
Behält lange eine kindliche Lebensfreude; schauspielerisch begabt; passt sich rasch der Situation und den darin geforderten Eigenschaften an	Umgang mit Seinsfragen, Philosophie/Religion gewissenhaft und ernst	Im Verhalten sehr berechenbar/voraussehbar, da nur selten variierend; Überraschungen sind die Ausnahme; (selbst auferlegte) Regeln werden in der Regel eingehalten
Häufig von unnötiger Eile geprägt, gehetzt und unruhig wirkend, von einer Geschichte zur anderen springend (starke Assoziationsbildung – "da fällt mir eine Geschichte dazu ein")	Ökonomischer Umgang mit Zeit-/Geldressourcen (sparsam bis geizig)	Kameradschaftlicher Umgang mit Geschäftskollegen oder im Verein; wirkliche persönliche Nähe (evtl. auch das 'Du'), wird lange vermieden
Sieht verstärkt Zusammenhänge und vergleicht Dinge, die für andere nichts miteinander zu tun haben	Geduldiger Zuhörer, besonders wenn ein Gegenüber Schwierigkeiten hat (auch wenn innere Beteiligung unter Umständen nicht maximal ist)	Wenig Neugier auf unbekannte Menschen oder Fremdes; in Zweifelsfällen wird das Bekannte vorgezogen (gewohnte Speisen, Orte, Menschen im Urlaub); evtl. aus Angst vor Kontrollverlust
Informiert sich ungenau und verlässt sich stattdessen auf spontane Eindrücke oder den Rat von Bekannten; in der Folge häufig verwirrt, besonders, wenn starke Reize, dramatische Ereignisse, Verliebtheiten oder sexuelle Anziehungskraft eine Rolle spielt	Besonders geduldig, rücksichtsvoll und ausdauernd, auch in sexueller Hinsicht; ungeduldig, wenn Zeit mit sinnlosem Warten vergeudet wird (z.B. an einer Kasse)	Hohe Affinität zu hochwertigen Produkten und Dienstleistungen ("das Beste oder gar nichts"); hohe Erwartungshaltung
	Verständnis für sachliche Themen – scheut sich nicht, nachzufragen und sich in die Schülerrolle zu begeben; meidet die Lehrerrolle eher (ist jedoch ein sehr guter Lehrer, wenn Versuch gewagt wird)	

Typische Worte und Begriffe der drei Gruppen (von A-Z)

Beziehungstyp (Gelbes Naturell, Relationiker)	Sachtyp (Blaues Naturell, Temporiker)	Handlungstyp (Rotes Naturell, Aktioniker)
ablenkbar,	Abwarten,	Aktivität,
Beziehungen,	Aufmerksamkeit,	Angriff,
Dramatik,	Ausdauer,	Arbeit,
einbeziehen,	beobachten,	Berechenbarkeit,
einmischen,	Details,	Entschuldigung,
Emotionen,	Erkenntnis,	Ergebnisorientierung,
Fantasie,	Existenz,	Erwartung,
Faszination,	Geduld,	Freiheit,
Flucht,	Geist,	Freundschaft,
Freude,	Gelassenheit,	Gerechtigkeit,
Frieden,	Individualität,	Gesetz,
geben,	Konzentration,	Kampf,
gutgläubig,	Lernen,	Können,
Haben,	Ökonomie,	Körper,
hoffen,	Opfer,	Konfrontation,
Herz,	Passivität,	Kontrolle,
Ideen,	Pause,	Kraft,
Innovation,	perfekt sein,	Krieg,
Ja,	Pflege,	Leistung,
kindlich,	Problem,	Macht,
Kommunikation,	Raum,	maximal,
kreativ,	Realität,	mehr,
Liebe,	Reihenfolge,	Mut,
naiv,	Schicksal,	Negativ,
Neugier,	Sein,	Nein,
perfekt haben,	Sinn,	nützlich,
positiv,	Thema,	Ordnung,
reagieren,	Theorie,	perfekt können,
relativieren,	Tiefe,	Regeln,
retten,	Unzufriedenheit,	Respekt,
schenken,	Verstand,	Sauberkeit,
schnell,	Verstehen,	streitbar,
Schönheit,	Verteidigung,	Taten,
Situation,	Vielleicht,	Tatkraft,
Spaß,	Vorsicht,	Tun,
Sympathie,	Weg,	Unternehmen,
Traum,	Weisheit,	verfolgen,
Verbindung	weniger,	Verhalten,
verspielt,	Werte,	Willen,
Vertrauen,	Worte,	Wirkung,
Vielfalt,	Wünsche,	Wollen,
Zusammenhang,	Zeit,	Zahlen,
Zuwendung	Zeitaufwand	Ziel

5. Wie man sich selbst und andere einer Naturellgruppe zuordnet

Viele Leserinnen und Leser werden bereits jetzt erkannt haben, zu welcher der drei Naturellgruppen sie höchstwahrscheinlich gehören – und vermutlich auch schon beim einen oder anderen in ihrer Nähe (Mensch oder Tier) einen Verdacht haben und von nun an genauer beobachten.

Mir selbst ging es ja auch so, dass ich schon beim Lesen der Typbeschreibungen von Friedmann und Fritz (in ihrem gemeinsamen Buch *„Wer bin ich? Wer bist du?“*) erkannte, in welche der drei Typgruppen ich einzuordnen war – und in welche die anderen Mitglieder meiner Herkunftsfamilie. Dennoch ist es nicht für jeden so einfach, weshalb ich mich in den letzten 20 Jahren ausführlich praktisch damit befasst habe, wie eine „Naturellanalyse" am besten ablaufen kann. Ergebnis: Falls man sich nicht selbst in den schriftlichen Beschreibungen erkennt, hilft am raschesten ein Gespräch mit einer dafür ausgebildeten Fachkraft („Naturellanalytiker/in"). Davon gibt es zwar noch nicht viele, aber über die Webseite der Initiative zur Förderung der Naturellwissenschaft e.V. finden Sie bestimmt jemand Passenden. Allgemein ist es jedoch so, dass häufig „von außen" der Naturelltyp eher erkannt wird als beim Blick in den Spiegel. Offenbar stehen wir uns selbst manchmal auf den Füßen und können nur schwer zwischen unserem Selbstbild und dem Bild, das wir für andere abgeben, unterscheiden. Lassen Sie also lieber einmal jemanden, der Sie sehr gut kennt, einen Blick in die Tabellen mit den Unterschieden werfen und eine Meinung abgeben, bevor Sie sich womöglich vorschnell und unzutreffend einordnen.
Und für die Einordnung von Menschen, die Sie nur wenig kennen, empfehle ich äußerste Vorsicht, gepaart mit fundiertem Fachwissen – vor allem den „Gelben", die sich oft schon nach dem Durchblättern eines Fachbuchs für Experten halten und dann rasch das Interesse verlieren, wenn es nicht schnell geht.

Tipps zur Selbsteinordnung
Da vor der Einordnung anderer zunächst die eigene Einordnung
sinnvoll scheint, ist für das Erkennen des eigenen Naturells eine
genaue Selbstbeobachtung unbedingt notwendig. Hilfen dazu,
falls Sie aus den bisherigen Beschreibungen nicht spontan erkannt haben, in welche Gruppe Sie gehören, können auch sein:

- wiederholt auftauchende Verhaltensmuster
- wiederholte Redewendungen/häufig gebrauchte Wörter
- Bemerkungen anderer, wie diese Sie erleben
- Dinge, die Sie besonders an sich mögen
- Dinge, die Sie an sich selbst weniger schätzen
- das Nachlesen in alten Tagebüchern, Zeugnissen
  oder das Befragen von alten Bekannten, wie sie einen
  über die Jahre bevorzugt erlebt haben

Wenn Sie versuchen, sich einem der drei Muster zuzuordnen,
nehmen Sie als Vergleich eher Ihre Kindheit oder Jugend zu
Hilfe (hier kommt die Bevorzugung meist deutlicher zum Ausdruck). Vermeiden Sie zu schnelle Sicherheit bei der Zuordnung.
Dadurch kann es zu einer Einengung Ihrer Wahrnehmung kommen. Wie gesagt, wird das bevorzugte Muster oft von außen
(Freunde, Partner, Kinder) schneller erkannt als beim Versuch
der Selbsteinordnung.

Auswahl an Vorgehensweisen bei der Zuordnung anderer
Je nach Situation sind unterschiedliche Vorgehensweisen taug-
lich – entscheidend ist dabei auch, ob die Kandidaten selbst aktiv
beteiligt werden (z.B. in einem Kurs) oder ob wir sie nur beobachten können (Kunden, Schüler, Bekannte). Wenn aktive Mitarbeit möglich ist: Den Kandidaten alle drei Muster und die Erkennungsmerkmale dafür vorstellen. Die Kandidaten erkennen sich
dann evtl. selbst in einer davon, häufig erst im Vergleich aller drei
Möglichkeiten (wie in den Spalten im letzten Kapitel). Hilfreich
können auch Anekdoten sein, die interpretiert bzw. erörtert werden (auch Beispiele aus dem gemeinsamen Bekanntenkreis oder
von Personen des öffentlichen Lebens). Oft genügt es schon,

jemand ein paar Seiten dieses Buchs lesen zu lassen, damit er merkt, in welche Gruppe er vermutlich gehört.

Wenn man andere nur beobachten kann, haben sich folgende Möglichkeiten als nützlich für die Zuordnung erwiesen:

1. Wenn jemand Alltagsgeschichten erzählt, fahndet man zwischen den Zeilen nach typischen Merkmalen (dazu ist jedoch eine gewisse Kenntnis und Erfahrung nötig).
2. Durch das Kennenlernen eines Menschen lässt sich mit der Zeit sein Naturell relativ deutlich erkennen.
3. Anhand einer aktuellen Problem- oder Lösungsgeschichte kann das Naturell überraschend klar zu Tage treten.

Die Praxis und die Rückmeldungen von Anwendern der Naturellwissenschaft zeigen, dass die Zuordnung rascher und sicherer funktioniert, wenn sie in einem bekannten Umfeld bzw. einer regelmäßig sich wiederholenden Situation geschieht. So wird z.B. ein Lehrer seine Erstklässler mit der Zeit relativ leicht daran erkennen können, wie sie sich am ersten Schultag verhalten. Vor allem, wenn er später Gelegenheit hat, die Schüler und ihr Naturell ausführlicher kennenzulernen, ist es dann möglich, rückblickend das Anfangsverhalten zuzuordnen. Gute Hinweise bekommen auch all jene, die in existenziellen Lebenssituationen mit Menschen zu tun haben (z.B. Pfarrer, Psychologen, Polizisten, Ärzte, Standesbeamte etc.). Bei solchen Gelegenheiten wird häufig das erlernte Rollenverhalten zu Gunsten des naturellbedingt bevorzugten aufgegeben.

In den letzten Jahren wurde zwar mit verschiedenen Testverfahren experimentiert, jedoch ohne bisher einen 'sicheren' Test vorstellen zu können. Die Problematik bei Fehlen eines auf objektiven Messergebnissen oder neutralen Instrumenten basierenden Testverfahrens liegt auf der Hand: Sowohl die testende (im Fall einer Befragung) als auch die zu testende Person gehören selbst zu einer der drei Gruppen und sind somit nicht neutral. Bei Fragebogen oder Ankreuztests spielt den Testpersonen häufig ihre einseitige Eigenwahrnehmung oder das Wunschdenken („ich bin eigentlich ganz anders, komme nur so selten dazu") einen Streich. Am treffendsten scheinen die Tests zu verlaufen, die von Menschen ausgefüllt wurden, welche die Testperson sehr gut und sehr lange kennen.

Echte Sicherheit wird es vermutlich erst geben, wenn eindeutig messbare Unterschiede zwischen den Naturellgruppen (etwa wie bei den Blutgruppen) gefunden werden und von den Kosten her erschwinglich sind. Möglicherweise könnte auf Grund von denkbaren Unterschieden im Hormonmuster eine Art 'Urinstreifen' entwickelt und eingesetzt werden. Auch ein epigenetischer Test ist nicht außerhalb der vorstellbaren Möglichkeiten, wenn hierfür die Preise weiter sinken und so diese Art der Untersuchung auch ohne große finanzielle Mittel möglich wird. Die drei Konstitutionstypen des *Ayurveda*, die den hier beschriebenen sehr ähnlich sind, werden interessanterweise u.a. per Pulsdiagnose bestimmt.

Aus der Erfahrung lässt sich aber sagen, dass mit etwas Übung nach und nach zumindest die Bevorzugung derjenigen in unserer nächsten Umgebung gut zu erkennen ist. Wie genau das der Einzelne erkennt, hängt wiederum von der eigenen Bevorzugung und damit dem Blick auf die Welt ab, den wir am liebsten pflegen. Für Dietmar Friedmann z.B. war es während der Anfangszeit seiner Entdeckungen die Gangart eines Menschen, aus dem er häufig seine Zuordnung ableitete. Andere achten sehr darauf, wie jemand riecht, schaut, welche Sprechgeschwindigkeit er wann an den Tag legt oder was ihm besonders wichtig bzw. unwichtig ist. Für mich selbst war am Anfang meiner Beschäftigung mit dem Thema ein starkes Indiz, welche Begriffe jemand besonders häufig verwendet (vgl. die Wortlisten auf S. 66). Heute erkenne ich sehr oft das Naturell eines Menschen allein daran, dass er mich an einen anderen mit gleichem Naturell erinnert – teilweise schon nach wenigen Augenblicken des Kennenlernens. Interessant ist das besonders dann, wenn ich Gelegenheit habe, meine Vermutung zu überprüfen.

◯◇▽ Kurztest: Gelbes, Blaues oder Rotes Naturell?

Bewerten Sie die folgenden Merkmale und Eigenschaften, ob diese auf Sie selbst bzw. auf die zu testende Person im Sinne einer konstant vorhandenen und bevorzugten Eigenschaft zutreffen. Sie sollten nur die sehr deutlichen Treffer ankreuzen, die anderen ignorieren. Auf *www.naturellwissenschaft.org* gibt es diesen und andere Tests auch interaktiv zum Ankreuzen.

1. Die Testperson zeigt anhaltend Kreativität, Fantasie und Ideenreichtum; sie steckt andere mit ihrer Begeisterungsfähigkeit regelmäßig an, bleibt aber selten lange begeistert.

2. Die Testperson beschäftigt sich ausdauernd mit geistigen und theoretischen Fragestellungen und zwar sehr vertieft.

3. Die Testperson hat einen andauernden Drang zur Aktivität und wird unruhig, wenn sie nichts arbeiten oder sich nicht bewegen kann; hat Angst davor, gelähmt zu sein.

4. Die Testperson reagiert ständig emotional auf ihre Umwelt und Mitmenschen und zeigt durch ihre vielseitige Mimik, was in ihrem Inneren vorgeht.

5. Die Testperson äußert gewohnheitsmäßig deutlich und direkt, was ihr missfällt oder was sie nicht will. Was ihr hingegen gefällt oder was sie stattdessen will, hört man selten.

6. Die Testperson lässt sich rasch auf neue Themen oder Menschen ein und kann sich so einen Überblick bzw. Einblick verschaffen, der aber selten vertieft wird.

7. Die Testperson hat auffallende Detailkenntnisse in einem einzelnen Fachgebiet, zu dem sie ständig weiter hinzulernt.

8. Die Testperson tut sich schwer damit, deutlich 'Nein' zu sagen oder etwas zu beenden (z.B. Telefongespräche).

9. Die Testperson schätzt und praktiziert deutliche Kommunikation mit Worten und Gesten sowie eine direkte Konfrontation mit Unangenehmem; häufig in Angriffshaltung.

10. Die Testperson wird durch Kritik, Missachtung und Ignoranz gegenüber der eigenen Person sehr getroffen.

11. Die Testperson pflegt Liebhabereien oder ein Hobby zur Entspannung von der Arbeit oder der Pflicht; sie kommt aber viel zu selten dazu und bedauert dies.

12. Die Testperson neigt zu vielfältigen, oft rasch wechselnden Interessen, auch was Menschen betrifft. Regelmäßige Neuanfänge und eher wenig Konstanz in der Biografie.

13. Die Testperson zeigt Fluchtverhalten/-tendenzen, wenn sie sich ungeliebt, hilflos oder für dumm verkauft erlebt.

14. Die Testperson nimmt sich gewohnheitsmäßig mehr Zeit als andere, kultiviert Pausen, Ruhe und das Nichtstun.

15. Die Testperson ist durch anhaltenden Einsatz von Kraft und Aktivitäten erfolgreich und zeigt dies gerne durch hochwertige Statussymbole oder Markenprodukte.

Zählen Sie nun die Treffer zusammen:

◯　　Gelbes Naturell: 1, 4, 6, 12 ,13　　　. . .

◇　　Blaues Naturell: 2, 7, 8, 10, 14　　　. . .

▽　　Rotes Naturell: 3, 5, 9, 11, 15　　　. . .

Anmerkung: Die Chance, dass der Test 'die Wahrheit' sagt, erhöht sich, wenn mehrere Personen, welche gut und lange mit der Testperson bekannt sind, die Testfragen auswerten. Die Eigeneinschätzung hingegen trifft eher selten zu.

6. Das Naturell bei Tieren

Nachdem wir uns bisher nur mit Menschen beschäftigt haben, möchte ich nun den Blick auf die mit uns lebenden Tiere richten: Auch bei ihnen sind offenbar die Naturellunterschiede (zumindest die der Grundtypen) erkennbar. Vielleicht sind sie dort sogar noch deutlicher zu erkennen? Derartige Beobachtungen tauchten in den letzten Jahren immer häufiger auf und wurden etwa im Forum auf *www.naturellwissenschaft.org* festgehalten bzw. diskutiert.

Vielleicht ist also die *Landkarte des Erlebens* nicht nur ein Modell der *menschlichen* Wirklichkeit, sondern der Wirklichkeit von Lebewesen insgesamt? In der Physik werden ja durchaus ähnliche Kategorien verwendet: Es gibt
- die *Raumzeit*, es gibt
- *Energie* in Form von Wellen und Teilchen
    und es gibt als drittes Phänomen
- die *Gravitation* (Anziehungskraft),
    über die bis heute noch nicht allzu viel bekannt ist.

Dass auch Tiere sich auf diese *Dreiartigkeit* der Welt einstellen und sich auf einen Bereich verstärkt ausrichten, wäre also nicht weiter verwunderlich, zumal ja auch bei ihnen eine „Händigkeit" wie beim Menschen beobachtet wurde. Ohne gemeinsame Sprache ist es jedoch schwer, diese Themen zu klären, so dass wir uns auf die praktische Anwendung beschränken müssen.

Ich möchte hier die Sammlung von *Petra Schmalzl* über Hunde und Wölfe anführen, aber jeder, der mit Tieren lebt und sie als ebenbürtige Lebewesen ernst nimmt (anstatt sie als Nahrungsmittel, Objekte oder „Nutztiere" zu verstehen), wird Ähnliches z.B. von Katzen, Pferden, Mäusen, Vögeln usw. berichten können. Petra Schmalzl sammelt seit Jahren Berichte über typische Hunde und hat eine Tabelle der Erkennungsmerkmale bei ihnen zusammengestellt:

Drei Grundmuster bei Hunden *(nach Petra Schmalzl)*

Ähnlichkeiten mit dem Säugetier *homo sapiens* sind zwar nicht beabsichtigt, aber auch nicht weiter verwunderlich ...

Gelbes Naturell
„Beziehungstyphund"

- gierig bei der Futteraufnahme, oder bei neuen Spielzeugen, will etwas unbedingt haben und zwar schnell, verliert dann aber auch wieder genauso schnell das Interesse
- freundliches offenes Wesen
- nimmt selbstständig Kontakt zu Hunden und Menschen auf
- oberflächlich, zum Beispiel beim Arbeiten (Fährten, Genauigkeit bei Übungen)
- ablenkbar
- lässt sich gerne streicheln, aber nur, bis ihm etwas Neues einfällt
- wechselt problemloser seinen Besitzer als die anderen Typen, wenn er den neuen mag
- lernt über Spiel
- verhält sich freundlich oder neutral zu vielen Tierarten (Vögel, Nager, Katzen)
- springt in fremde Autos und geht in fremde Wohnungen
- vertrauensselig
- dramatisiert alltägliche Situationen durch Überreaktionen

Blaues Naturell
„Sachtyphund"

- eher ein passives Tier, das gerne schläft und sich nur bewegt, wenn der Anreiz dafür groß genug ist
- Essen hat eine hohe Bedeutung: Der Hund frisst gerne und viel; wenn er frisst, dann langsam und bedächtig, kaut gut, genießt
- übernimmt gerne die Vaterrolle, z.B. auch bei Welpen, die nicht von ihm sind; er geht sehr liebevoll mit den Kleinen um und passt auf sie auf, spielt mit ihnen
- sammelt alle möglichen Gegenstände an seinem Platz, in seinem Korb
- will beachtet werden, stößt einen an, wenn er gestreichelt werden möchte, kann sehr penetrant sein
- lässt sich gerne sehr lang und ausgiebig kraulen und streicheln, mag es auch geklopft zu werden
- etwas tollpatschig und schwerfällig
- tut sich schwer in neuen Umgebungen u. bei neuen Besitzern

Rotes Naturell
„Handlungstyphund"

- eher aggressive, auf Kampf ausgerichtete Grundhaltung
- übernimmt oft die Führungsrolle in der Familie (bester Sitz im Auto und auf der Couch), versucht zu dominieren und unterdrückt Schwächere
- wachsam
- bei Fremden distanziert
- lässt sich nicht gerne oder gar nicht von Fremden streicheln
- rauft gerne
- mag keine fremden Kinder und Tiere
- meidet Pfützen und Matsch
- mag ein sauberes Lager
- kontrolliert die Räume
- misstrauisch
- bewegt sich gerne und meist geschickt
- kann gut nachahmen oder Erlerntes umsetzen
- ist sehr ernsthaft, weniger verspielt
- kann rein prophylaktisch beißen oder durch Fletschen oder Knurren warnen
- mag es nicht, im Schlaf gestört zu werden
- ist lärmempfindlich (lärmende Spielsachen)

Beobachtungen über die Naturelle bei Hunden
Ähnlich wie bei den menschlichen Geschlechtergruppen zu beobachten, bemerkte die „Hundepäpstin" Feddersen-Petersen, was auch die Erfahrungen vieler Hundekenner bestätigt: „Zusammenfassend ist festzustellen, dass Rassen durch eine hohe interindividuelle Variabilität gekennzeichnet sind und schwerlich 'uniform' betrachtet werden können."

Drei Beispiele aus der Sammlung von Petra Schmalzl: Ein Beispiel für einen Beziehungstypwolf aus dem Buch „Der weiße Wolf" von L. David Mech (S. 39): „Einer der Wölfe sah zu mir her. Er kam näher, die beiden anderen gingen hinter den Felsen oben auf dem Kamm in Deckung. (…) oder vielleicht dieser Jährling, dem ich später den Namen 'Scruffy' gab. Er umkreiste mich in sieben bis acht Meter Entfernung und schien sehr neugierig und keineswegs ängstlich zu sein. Ich warf ihm ein bisschen Futter hin, und er nahm es. Das Tier hatte offenbar nichts gegen mich, obwohl ich in unmittelbarer Nähe der Höhle sein mußte!" Weiter schreibt Mech über Scruffy auf Seite 42: „Da riß mir plötzlich ein Windstoß meine Pelzmütze vom Kopf und trieb sie ein Stück weit dahin. Der Wolf mit dem struppigen Fell, der sich am Tag zuvor so nahe zu mir her gewagt hatte, schnappte sich die Mütze und trottete davon, …" Und auf Seite 54: „Er trieb sich ständig in unserer Nähe herum, manchmal legte er sich nur ein, zwei Meter vor uns zum Schlafen hin. Er war neugierig, aufgeweckt, unbekümmert und arglos, er hatte in seinem Charakter etwas von einem Clown und Spaßmacher." Über den Umgang Scruffys mit den Jungen schreibt Mech auf Seite 58: „Scruffy, der zwar erwachsen war, sich aber ein recht kindlich verspieltes Gemüt bewahrt hatte, stürzte sich bisweilen ins Gewühl und kämpfte alleine gegen die ganze Bande. Einmal schnappte er auch einen der Welpen am Kragen und hievte ihn aus dem tiefen Schnee."

Der Dalai Lama schreibt in seinem *Buch der Freiheit*, Seite 239 allem Anschein nach auch über einen Sachtyphund: „Wie in Birla House teilte ich mein neues Zuhause mit meiner Mutter und außerdem mit zwei Lhasa-Apso-Hunden, die mir kurz zuvor geschenkt worden waren. (...) Sie waren beide unverwechselbare Persönlichkeiten. Der größere von ihnen hieß Sangye, und ich dachte oft, dass er in seinem vorigen Leben ein Mönch gewesen sein musste, vielleicht einer von denen, die wie so viele in Tibet verhungern. Denn er hat nie ein Interesse für das andre Geschlecht gezeigt, sondern immer nur begeistert gefressen. Selbst wenn sein Magen schon zum Bersten voll war, fand er noch Platz für mehr. Außerdem war er mir gegenüber sehr anhänglich."

Ein weiteres Beispiel für einen Sachtyphund: „Als wir Fetz mit zehn Wochen bekamen, waren wir gerade mitten im Hausumbau. Das war eine schwierige Situation für den Kleinen, da er noch nicht die offenen Treppen im Haus hochgehen konnte, Angst vor denen hatte. Diese Angst ist übrigens bis heute geblieben und nur wenn die Motivation groß genug ist, läuft er die Treppe hoch, zum Beispiel weil er sonst unten alleine wäre und zum Hinunterlaufen braucht er auch wieder einen Anschub, am besten Futter. Auf jeden Fall konnten wir während des Umbaus nicht die nötige Aufmerksamkeit in Fetz investieren, so wie er sich dies wohl vorgestellt hatte. Nach einigen Stunden der Arbeit fiel uns dann auf, dass immer mehr Werkzeug verschwunden war, das wir kurz zuvor noch verwendet hatten. Wir entdeckten dann Werkzeug samt kleinem Hund kurz darauf: Fetz lag auf seiner Decke mitten im Wohnzimmer und hatte Hämmer, Schraubendreher, Spachteln und einige Lappen sorgfältig im Haus eingesammelt und auf seinem Platz gehortet."

John Irving beschreibt einen Handlungstyphund in seinem Roman *Garp und wie er die Welt sah*, S. 278: „Man konnte dem Hund die Hand hinhalten, dann beschnupperte er einen, aber er ließ sich nicht gern anfassen, und er leckte einem nie die Hand, wie manche Hunde es tun. Wenn man versuchte, ihn zu streicheln, duckte er den Kopf und trottete wieder in den Gang. Die Art und Weise, wie er einen anstarrte, gab einem das Gefühl, es sei keine sehr gute Idee, ihm in den Gang hinein zu folgen oder ihn unbedingt streicheln zu wollen."

„Über meine eigene Hündin Alpha: Das beste Beispiel für einen Handlungstyphund ist wohl meine ehemalige Hündin Alpha. Typisch für diesen Hund war ein drahtiger muskulöser Körper, der immer angespannt schien. Alpha war nie wirklich locker und konnte auch nicht wirklich entspannen. Nach zwanzig Kilometer Fahrrad schlief sie kurz und tief, um gleich darauf wieder aktiv zu sein. Sie ist in der Familie aufgewachsen, mit ihrer Mutter Inda und in meinem Schlafzimmer geboren, so dass ich auch alle schlechten Erfahrungen, die sie gemacht haben könnte, ausschließen kann. Dennoch war sie das, was ich als wirklich ernsthaft bezeichnen würde. Schon als Welpe. Spielen war immer mit einem ernsten Unterton versehen und ging selten ohne Kratzer ab. Sie selbst schien schmerzunempfindlich zu sein. Sie lernte nur mit Druck und war auch da sehr zäh. Alles was sie tat, geschah aus einem starken Willen heraus und war außerhalb des normalen Rahmens extrem. Fremde Menschen und Hunde konnte sie nicht leiden und sie war für Besuch nur mit Vorsicht zu genießen. Für Menschen, die sie kannte und auch selbst als Freund einstufte, war sie neutral. Freundschaften mit anderen Hunden hat sie nie geschlossen, obwohl sie bereits als Welpe viel Kontakt zu anderen jungen Hunden hatte. Im Alter von elf Monaten hatte sie eine Beißerei mit einer älteren Rottweilermischlings-Hündin. Dieses Erlebnis führte dann dazu, dass sie noch nicht einmal mehr vernünftig neben anderen Hunden geführt werden konnte. Ihre Aggressivität kündigte sich nicht an, sie explodierte förmlich unerwartet und fing Beißereien an, wenn man es am wenigsten vermutete. Die Situation eskalierte so, dass sie sich mit ihrer Mutter biss, um die Rangfolge zu klären und mit unserem Rüden anfing ernsthaft zu raufen, als es um die Aufmerksamkeit meines Sohns ging. Mein Sohn, auch Handlungstyp, war übrigens der einzige, dem sie mit Haut und Haaren verfallen war und dies beruhte auf Gegenseitigkeit. Er war damals sieben Jahre alt und Alpha hatte ihn „adoptiert". Dies war *ihr* Mensch. Mich akzeptierte sie nur, da ich ihr eindeutig begreiflich gemacht hatte, dass ich der Chef war.

Da wir unsere Hunde immer bei uns im Haus hielten, musste ich Alpha verkaufen, da sie keinerlei soziale Kompetenzen im Umgang mit der Familie hatte. Sie wurde damals gerne von der Polizei genommen und ich kann mir vorstellen, dass sie da am rechten Fleck war."

Und noch ein weiteres Beispiel für einen „gelben Hund" aus der Sammlung von Petra Schmalzl. Erik Zimen schreibt in seinem Buch *Der Wolf* auf Seite 221: „Es war nicht schwierig heraus zu finden, wohin Alexander lief, nachdem er das Rudel verlassen hatte. Er ging jedes Mal nach unten, aus dem Wald hinaus, zu den Dörfern, zu Hunden, Müllhalden, Kinderspielplätzen. Wenn irgendeiner meiner Wölfe das Zeug zur Domestikation gehabt hat – so, wie sie vor 10000 oder 15000 Jahren einmal ablief – dann war es der freundliche, wenig schreckhafte und furchtbar naschhafte Alexander. Die Leute kannten ihn bald und hatten nach anfänglichem Misstrauen keine Angst mehr. Deswegen war ich auch nicht weiter beunruhigt, als wir eines Tages mit Bernhard Grzimek und den Wölfen in den Hochlagen unterwegs waren und Alexander wieder einmal verschwunden war. Grzimek indessen schien es Sorge zu bereiten. (...) Und der Zoodirektor in ihm war es wohl auch, der (...) einem kleinen Mädchen antwortete. Es hatte ihn offensichtlich gleich erkannt und fragte, ob wir einen Wolf suchten. 'Nein' sagte Grzimek, 'keinen Wolf, nur ein ganz kleines und ungefährliches Wölfchen, das euch bestimmt nichts...'. 'Dieser Wolf ist aber ganz groß', unterbrach ihn das Mädchen und zeigte mit ihrer Hand, für wie hoch sie Alexander hielt, und das war nicht gerade klein. 'Er war gerade unten am Spielplatz und hat mit uns gespielt.' Unterhalb der Waldhäuser ist tatsächlich ein Kinderspielplatz. Ich rannte los, brauchte aber nicht weit zu laufen: Alexander kam mir über die Wiesen entgegengelaufen. (...) Der Vater des Mädchens – es waren Feriengäste – erzählte später, dass Alexander am Spielplatz mehrere Kinder beschnüffelt und dann mit einem Dackel Spielversuche angestellt hatte. Einige Kinder wollten Alexander streicheln, worauf er wieder in Richtung Dorf verschwunden war."

7. Das Entwicklungspotential der drei Naturellgruppen

Wie lässt sich eine zum Naturell passende Persönlichkeits-entwicklung fördern?
Unter Persönlichkeits*entwicklung* ist hier nicht gemeint, dass man sich wie eine hässliche Raupe zum schönen Schmetterling entwickeln *muss*. Vielmehr geht es um die Entdeckung, Wahrnehmung und den Ausbau bereits vorhandener, jedoch zu selten genutzter Optionen und Stärken. Ziel ist also eine *Zunahme der individuellen Auswahlmöglichkeiten* in verschiedenen Situationen und damit der Lebensqualität insgesamt. Jedoch kann es vorkommen, dass wir für die *Erweiterung unserer Spielräume* den inneren Schweinehund (den es auch in drei Farben gibt!) überwinden müssen oder dass uns nach einer solchen Übungseinheit eine Art Muskelkater quält, weil wir etwas getan haben, das wir uns nur selten trauen. Doch jeder, der in einer Sportart trainiert, weiß, dass echte Fortschritte an Grenzen entstehen.

Um nochmal deutlich einem eventuellen Missverständnis vorzubeugen: Es geht nicht darum, das eigene Naturell mit seinen typischen Bevorzugungen *abzuwerten* oder gar darum, ein ganz neuer Mensch zu werden, wie es manche Ideologien und Religionen fordern. Die Tendenz zur Weiterentwicklung bei gleichzeitiger Wertschätzung für das Eigene scheint eine natürliche Vorgabe zu sein, der wir gerne folgen, die aber durch Erziehung oder ungute Erfahrungen gebremst werden kann. Hier hilft uns ein gutes Modell, wieder auf unseren natürlichen (oder hier: naturellbedingten) Entwicklungsweg zurückzufinden und ihn erfolgreich weiter zu gehen. Wir können dann gezielt dort ansetzen (um das Bild vom Training noch einmal zu benutzen), wo sich Anstrengungen tatsächlich lohnen, weil Schwachstellen ausgeglichen werden und unser von Natur aus angelegter Reifungsprozess gefördert wird, wie im nächsten Schaubild am Beispiel des Gelben Naturells schematisch angedeutet – nämlich der Ausgleich der Gewichtsverschiebung in der Wahrnehmung des Lebens, dessen Bewertung und schließlich im Verhalten (und nicht im angeborenen „Sein" oder „So-Sein").

Entwicklungsförderung für das Beziehungstyp-Naturell

So kann man sich modellhaft die angeborene Gewichtung der drei für das Naturell bedeutenden Erlebensbereiche für das Gelbe Naturell vorstellen.

Und so sähe im Vergleich eine ausgewogene Gewichtsverteilung aus, die alle drei Erlebensbereiche gleichmäßig wahrnimmt und berücksichtigt

Wenn Menschen mit Gelbem Naturell erwachsener werden, zeigen sie weniger häufig kindliche Spontanreaktionen wie emotionale Übertreibungen, dramatische Situationsschilderungen oder überschwänglich-kurzfristige Begeisterungsausbrüche. Sie mindern auch ihren Hang zum Habenwollen, zum Perfekt-haben-Wollen oder dazu, mit allen ihren Mitmenschen gut auskommen und alles, was diese sagen, auch gleich glauben oder radikal ablehnen zu müssen (nur *Ja und Nein* sagen können, nicht auch *Vielleicht*). Sie können ihren Wunsch nach Verbundenheit bzw. die Beziehungsebene öfters einmal ignorieren oder sich absichtlich dem Vergleichenmüssen und der Suche nach möglichen Zusammenhängen zwischen allem und jedem eine Zeit lang entziehen. Ihr Verhalten wird also gelassener und mehr vom Verstand geleitet, weniger von ihren Emotionen und Impulsen, was sie insgesamt ruhiger und (für die anderen beiden Naturellgruppen) weniger „anstrengend" erscheinen lässt. Bildlich gesprochen: Gelb wird von Blau in Grenzen gehalten.
An die Stelle der übermäßigen Nutzung solcher Fähigkeiten tritt nun zunehmend die Zeitorientierung mit sachlichem Abwägen,

Offenlassen und der Suche nach Alternativen. Ebenso Zögern und Zweifeln, vorsichtiges Sichvertiefen in interessante Themen oder das langsame Herantasten an Unbekanntes. Sie nehmen sich vor allem mehr Zeit und reduzieren dazu ihre vielen Baustellen. Wertvolle Beziehungen werden eher erkannt und ihnen Zeit eingeräumt. Dem Gehetztsein, dem Gefühl, etwas verpassen zu können, steht nun häufiger die Stille des Daseins, das Bewusstsein der eigenen geistigen Potentiale oder die konzentrierte Leidenschaft für ein ganz bestimmtes Thema gegenüber.

Auch der Schwester der Zeit, dem Geld, der *eingefrorenen Lebenszeit*, widmet der sich seiner unterentwickelten Stärken bewusster werdende Beziehungstyp mehr Aufmerksamkeit. Löcher im Geldbeutel werden gestopft, eine ausreichende Rücklage schenkt Ruhe und ermöglicht auch einmal ein Opfer aus Mitleid für wirklich Bedürftige. Nicht mehr jedem neu erwachten Interesse folgen sofortige größere Ausgaben, die erste Suche gilt häufiger einem preiswerten oder kostenlosen Weg. Tatsächlich vorhandene Probleme werden nicht mehr ständig schöngeredet, sondern entweder geduldig ertragen, wenn nichts dagegen getan werden kann, oder mit Hilfe des eigenen oder eines fremden Verstandes konzentriert angegangen. Um Unterstützung wird gebeten, auch wenn es nicht unbedingt sein muss, Schwachstellen eingestanden und Dinge gelernt, die bisher nicht verstanden wurden, aber von existenzieller Bedeutung sind.

Statt eines vorschnellen Ja hört man im Laufe der Zeit immer häufiger ein „Ich überlege mir das in Ruhe" oder ein „Darf ich mich dazu später nochmal melden". Und für sich selbst entdeckt der ausreifende „gelbe" Mensch nach und nach, wie vertiefend und sinnstiftend es sein kann, sich auch spirituellen, wissenschaftlich-fundierten und geistigen Dingen kritisch, ausdauernd und ernsthaft zuzuwenden. Ebenso kann es für ihn einen großen Unterschied ausmachen, sich nicht nur als „lieb und freundlich", sondern auch als „leidenschaftlich-erotisch", „geschäftlich-erfolgreich" oder „sachlich-interessant" zu erleben und Erfolge dieser Art zu genießen.

Entwicklungsförderung für das Sachtyp-Naturell

<table>
<tr><td>

1

Bereich Verbundenheit
(Beziehung, Herz, Emotion, Spaß, Liebe,
Positives, Kindliches, Schönes ...)

3 **Bereich Aktivität**
(Tätigkeit, Arbeit, Körper, Äußeres,
Negatives, Ziele, Aufgaben, Kampf ...)

Bereich Zeitorientierung
(Sachthemen, Existenz, Dasein,
Geist, Ökonomie, Raum,
Ernstes, Neutrales ...)

2

</td><td>

1

Bereich Verbundenheit
(Beziehung, Herz, Emotion, Spaß, Liebe,
Positives, Kindliches, Schönes ...)

3

Bereich Aktivität
(Tätigkeit, Arbeit, Körper, Äußeres,
Negatives, Ziele, Aufgaben, Kampf ...)

Bereich Zeitorientierung
(Sachthemen, Existenz, Dasein, Geist,
Ökonomie, Raum, Ernstes, Neutrales ...)

2

</td></tr>
</table>

So kann man sich modellhaft die angeborene Gewichtung der drei für das Naturell bedeutenden Erlebensbereiche für das Blaue Naturell vorstellen.

Und so sähe im Vergleich eine ausgewogene Gewichtsverteilung aus, die alle drei Erlebensbereiche gleichmäßig wahrnimmt und berücksichtigt

Für jemand mit blauem Sachtyp-Naturell bedeutet Entwicklung in erster Linie, dass er seinen aktiven Seiten und Möglichkeiten mehr Aufmerksamkeit zuwendet. Dazu gehört zum Beispiel, dass er deutlicher 'Nein' sagt, wenn er etwas nicht will und so aus der Haltung 'mir geschieht etwas' in eine angreifende, gestaltende, Ziele verfolgende wechselt. Oder auch, dass er sich gestattet, Fehler zu machen, möglicherweise unnötig Geld und Zeit zu investieren und sein Sicherheitsbedürfnis etwas zu reduzieren. Ein Fortschritt für ihn ist es auch, wenn er anfängt, sich praktisch-geschäftlich zu engagieren und nicht nur theoretisch-sachlich an Dinge heranzugehen. Dabei wird er automatisch auf Kooperationen bauen und sich der Kritik seiner Mitstreiter aussetzen müssen. Im Ergebnis ist er dann am denkbaren Erfolg (oder Misserfolg) als Mitverantwortlicher beteiligt und nicht als Glückspilz oder Pechvogel.

Um von ihrem Hang zum Geistigen etwas Abstand zu bekommen, tut es den „Blauen" gut, ihren Körper mit seinen Bedürfnissen und Handlungsmöglichkeiten stärker ins Visier zu nehmen: Angemessene Ernährung, ausreichend Schlaf, sportliche Aktivitäten, die eigene Wohnung und körperliche Zuwendung werden von diesen Menschen nämlich oft unterschätzt. Auch hierbei muss sich der Temporiker den Aufwand etwas kosten lassen; er muss aktiv werden, Erfahrungen sammeln und durch Fehler herausfinden, was ihm in welchen Dosierungen gut tut und was nicht. Generell gilt für ihn: Es darf ruhig etwas mehr sein, da er dazu neigt, mit möglichst wenig zufrieden zu sein.

Die Überbetonung des individuellen *Seins* unter Zurückstellen des *Könnens* oder *Zeigens* reduziert sich ebenfalls dadurch, dass er sich traut, sein Wissen zu vermitteln (Sachtypen sind in der Regel gute Lehrer, Ausbilder oder Dozenten) und es praktisch anzuwenden. Und das, obwohl es ihm eigentlich näher liegt, noch weiter und tiefer in sein Fachgebiet einzudringen und darin noch perfekter zu werden bzw. noch eine Weiterbildung oder weitere Zertifikate in seiner Lieblingsdisziplin anzustreben. Denn während der Anwendung oder Vermittlung wird dem „Blauen" erst klar, wie groß sein Wissensvorsprung zu anderen bereits ist oder wie viel Aufmerksamkeit und Anerkennung man bekommt, wenn man deutlicher nach außen zeigt, was man kann und weiß.

Als praktisches Beispiel kann hier der inzwischen weltweit bekannte Erfinder der Lösungsorientierten Kurztherapie, *Steve de Shazer*, gelten: Als er seine ersten großen Entdeckungen für neue Interventionen in der Psychotherapie machte, hielt er das für nichts Besonderes und wollte sie einfach für seine eigene Arbeit nutzen. Seine Frau jedoch, *Insoo Kim Berg* (mit Handlungstyp-Naturell ausgestattet) bestand darauf, dass er wenigstens einen Artikel darüber an eine Fachzeitschrift schicken müsse – nach seiner eigenen Erzählung eine große Mühe für ihn. Im Ergebnis jedoch bekam er viele Zuschriften, er schrieb zahlreiche erfolgreiche Bücher, wurde zu Workshops und Vorträgen überall auf der Welt eingeladen – weil er etwas *gewagt, etwas getan, sich etwas getraut* hatte.

Ähnliche Erfolge von „Blauen" lassen sich in zahlreichen Biografien nachlesen. Auch dass Sie diese Erkenntnisse lesen können, ist *der Tat* des Sachtyps Dietmar Friedmann zu danken.

Entwicklungsförderung für das rote Handlungstyp-Naturell

<table>
<tr><td>

2

Bereich Zeitorientierung
(Sachthemen, Existenz, Dasein, Geist,
Ökonomie, Raum, Ernstes, Neutrales ...)

1   **Bereich Verbundenheit**
(Beziehung, Herz, Emotion, Spaß, Liebe,
Positives, Kindliches, Schönes ...)

Bereich Aktivität
(Tätigkeit, Arbeit, Körper,
Äußeres, Negatives, Ziele,
Aufgaben, Kampf ...)

3

</td><td>

2

Bereich Zeitorientierung
(Sachthemen, Existenz, Dasein, Geist,
Ökonomie, Raum, Ernstes, Neutrales ...)

1

Bereich Verbundenheit
(Beziehung, Herz, Emotion, Spaß, Liebe,
Positives, Kindliches, Schönes ...)

Bereich Aktivität
(Tätigkeit, Arbeit, Körper, Äußeres,
3 Negatives, Ziele, Aufgaben, Kampf ...)

</td></tr>
<tr><td>

So kann man sich modellhaft die angeborene Gewichtung der drei für das Naturell bedeutenden Erlebensbereiche für das Rote Naturell vorstellen.

</td><td>

Und so sähe im Vergleich eine ausgewogene Gewichtsverteilung aus, die alle drei Erlebensbereiche gleichmäßig wahrnimmt und berücksichtigt

</td></tr>
</table>

Ausgleichend und harmonisierend wirkt auf Menschen, die den „roten" Bereich Aktivität bevorzugen, besonders die Hinwendung zu ihren kindlichen, leichten, liebevollen, lockeren und spielerischen Seiten. Dies geschieht zum Beispiel dadurch, dass sie sich ihren Hobbys, ihrem Garten, ihren Tieren oder auch Menschen zuwenden, die ihnen besonders am Herzen liegen (und nicht vor allem dem, wozu sie sich verpflichtet fühlen).

Den 'gereiften' Handlungstypen sieht man also mit seinen Kindern oder Enkeln spielen, er hält sich regelmäßig von allem Geschäftlichen und Pflichtgemäßen fern und genießt die schönen Dinge des Lebens. Er verbringt den Samstag nicht mit Putzen, sondern beim Einkaufsbummel, im Stadion, Museum oder Kino, geht mit privaten Freunden (nicht den Geschäftsfreunden oder der Verwandtschaft) in die Kneipe, zum Wandern oder Essen. Mit viel Muße, Genuss und reichlich Herzblut kocht er, was er vorher in Ruhe auf dem Markt oder in seinem Lieblingsgeschäft selbst eingekauft hat.

Erfolgswillen, Ergebnisorientierung und Zielerreichung treten dann zu Gunsten von mehr Lebensqualität zurück. Seine Familie,

Menschen, die er liebt, oder kulturelle Höhepunkte gewinnen an Anziehungskraft. Eine Vernissage wird der Buchhaltung vorgezogen, den Sonntagmorgen verbringt er gemütlich im Bett oder auf dem Balkon. Gedanken an die Arbeit schiebt er konsequent beiseite und freut sich an seiner Ruhe. Diese Haltungen springen dann immer häufiger auch auf geschäftliche Dinge über: Man sieht ihn selbst in intensiven Verhandlungen lächeln, er arbeitet mit Liebe an dem, was ihm wichtig – und nicht nur an dem, was *notwendig* ist oder Erfolge und *Ergebnisse* bringt. Er zeigt mehr und mehr kindliche Freude an dem, was er tut und an den Menschen, die er bei der Arbeit trifft. Gegenüber Kollegen, Kunden und Lieferanten, ja sogar gegenüber dem Finanzamt kann er zunehmend friedlich auftreten und gute Argumente ohne großes Getöse einsetzen. Kaum etwas bringt ihn dann noch aus der Ruhe, er sieht schneller das Positive an einer Situation, auch im vordergründig Ärgerlichen oder in Misserfolgen.

In seinen Beziehungen lässt der 'fortgeschrittene Rote' mehr sein Herz sprechen, Pflichtbewusstsein und Verantwortungsgefühl haben nicht länger automatisch die Oberhand. Er kann Nähe und Schwäche zulassen, auf Zuwendung positiv reagieren, auch einmal einen Geburtstag vergessen und spontan anrufen, verzeihen, gnädig sein, locker lassen. Gelegenheiten, zwischenmenschliche Kompetenzen einzubringen, reizen ihn mehr als früher, er genießt es, Emotionen zunehmend auch im Lieben und nicht nur im Angriff auf vermeintliche Gegner zu erleben. Er geht früher zum Arzt, wenn er Schwachstellen bemerkt, reduziert seine (selbst verordnete, oft viel zu hoch dosierte) Medikamenteneinnahme und seinen Konsum an Alltagsdrogen.

Auch ist seine Freundlichkeit immer öfter nicht nur eine Rolle oder eine „Waffe", um ein bestimmtes Ziel zu erreichen, sondern ein echtes Zeichen von Sympathie oder Freundschaft. *Sein Kampf* ist nun eher gegen die dunklen Seiten und Ecken *seiner* eigenen Seele gerichtet, und nicht mehr so oft gegen das *Dunkle, Böse* im Außen bzw. in der Welt, das er überall am Werk sieht und das es (aus seiner Sicht) zu bekämpfen gilt.

Nicht ein Ideal für alle

Wie Ihnen sicher aufgefallen ist, beschreibt der Entwicklungsweg jeder Gruppe einen Weg hin zu den Bevorzugungen bzw. Übertreibungen der jeweils nächsten. Es geht also nicht um *ein* Ideal für alle, sondern mehr um einen Ausgleich im Sinne der Nutzung aller vorhandenen menschlichen Potentiale – auch wenn diese teilweise lange oder überhaupt vernachlässigt wurden.

Entwicklungsfördernde und -hemmende Sätze

Jeder von uns eignet sich offenbar bestimmte Sätze an, die ihn (oder andere) unmerklich in seiner natürlichen Entwicklung und beim Ausbau seiner Wahlmöglichkeiten fördern oder hemmen. Sie lassen sich jedoch auf Grund der sprachlichen Vielfalt auch innerhalb der drei Gruppen nur annähernd wiedergeben und stellen eher einen groben Erfahrungswert als eine dogmatische Vorgabe dar.

Gelbes Naturell

fördernd:
Vorsicht tut gut.
Eins nach dem anderen.
Nimm dir Zeit.
Beziehung ist nicht alles.
Ich darf um Hilfe bitten.
Die Realität ist oft besser als leicht platzende Träume.
Reserve gibt Ruh'.
Im Alltäglichen, Normalen liegt ebenso viel Glück wie im Außergewöhnlichen, Neuen.

hemmend:
Ich muss immer lieb, nett und freundlich sein.
Ich muss schnell reagieren.
Ich muss stark sein und das alleine schaffen.
Ich habe keine Probleme.
Alles ist in Ordnung.
Geld ist nicht so wichtig.
Lieber nachgeben und Frieden halten.
Zu viel zweifeln schadet nur.

Blaues Naturell

fördernd:
Ich will das nicht!
Ich kann es probieren!
Fehler sind menschlich!
Wer nicht kämpft, hat schon verloren!
Angriff ist die beste Verteidigung!
Wer wagt, gewinnt!
Ich kann etwas für meinen Erfolg tun.
Der Körper hilft dem Geist!
Mehr hilft oft mehr!

hemmend:
Ich kann das nicht.
Man wird mich kritisieren übersehen oder ignorieren.
Meine Existenz ist ständig gefährdet.
Ich muss sehr vorsichtig sein, darf keinen Fehler machen.
Wenn ich mich nicht rühre, geht es von selbst vorbei.
Andere bestimmen über mich.

Rotes Naturell

fördernd:
Es ist gut genug.
Sympathie ist manchmal wichtiger als Erfolg.
Höre auf dein Herz und deinen Bauch.
Aus der Ruhe kommt die Kraft.
Weniger Druck könnte auch reichen.
Es geht immer auch anders.
Ich bin in Ordnung, wie ich bin – der andere auch.

hemmend:
Nein, das probiere ich erst gar nicht aus.
Ich will das gar nicht hören.
Viel hilft viel.
Zu viel Rücksicht schadet.
Von Schönheit allein kann niemand leben.
Sentimentalitäten können wir hier nicht gebrauchen.
Hauptsache sauber und ordentlich erledigt.
Es gibt immer was zu tun.

8. Praktische Konsequenzen aus dem Wissen um das Naturell

Gebrauchsanweisung (Go's und No-Go's) für den Umgang mit den drei Naturellgruppen

Aus dem bisherigen Erfahrungsschatz lassen sich einige grobe Hinweise ableiten, was für welche Gruppe eher nützlich (Go's) und was eher schädlich (No-Go's) ist:

Gelbes Naturell

eher nützlich:
Zeit nehmen und Zeit geben; Interesse an seinen Themen und Problemen zeigen

zu dramatische (Beziehungs-) Szenen freundlich ignorieren; Emotionales offen und ehrlich kommunizieren

wenn Sie eine Beziehung vertiefen möchten, bleiben Sie aktiv und anhaltend im Kontakt

eher schädlich:
lieblos oder unfreundlich reden/schauen

auslachen, Hilflosigkeit und Unkenntnis verstärken; für dumm erklären

an Kompetenzen und Fähigkeiten zweifeln, fehlendes Wissen ankreiden; vor anderen bloßstellen

Vorwürfe bei nicht gehaltenen Versprechen vortragen

Blaues Naturell

eher nützlich:
Aufmerksamkeit, (körperliche) Zuwendung

Achtung vor Titeln, Erfolgen und Fachwissen

etwas Gutes zu Essen, ein voller Kühlschrank

sportliche Aktivitäten, Bewegung, Massage, Sauna, Körperkontakt

überlassen Sie Temporikern Entscheidungen, auch wenn diese dafür etwas mehr Zeit brauchen

eher schädlich:
überrumpeln, überrollen, überreden wollen

ignorieren, missachten, übersehen; (ungefragte) Kritik äußern; Fehler ankreiden

viel Wert auf Äußeres legen; große Risiken oder Verantwortung aufzwingen, so dass er nicht 'Nein' sagen kann

Rotes Naturell

eher nützlich:
Versprechen einhalten; nicht ungefragt private Gespräche beginnen

klare und deutliche Kommunikation; gewohnte Rituale und Regeln einhalten

nicht noch mehr Verantwortung aufladen; beim typischen 'Nein' fragen, was er stattdessen will oder wünscht

eher schädlich:
Störungen des Nacht- oder Mittagsschlafs

Unordnung, Ungerechtigkeit, Unregelmäßigkeiten

mangelnde Harmonie, vor allem im Privaten

blockieren (Aktivitäten), in die Ecke drängen; seine Position und Macht angreifen; direkter Blick in die Augen ohne guten Grund

Typische Wiederholungsfehler und Lösungsmuster

Auch hierzu haben sich einige typische Muster gezeigt, die speziell für Berater, Therapeuten, Sozialarbeiter, Seelsorger oder Lehrer sehr nützlich sein können; Voraussetzung ist, dass man das Naturell des Gesprächspartners erkennt oder kennt:

Gelbes Naturell

Wiederholungsfehler:
- sich zu wenig Zeit nehmen, keine Zeit und kein Geld opfern wollen
- unkritisch, unvorsichtig oder zu gutgläubig sein
- dramatisch reagieren
- Beziehungsspielchen anfangen, ständig Verknüpfungen herstellen
- zu schnell 'Ja' sagen, zu viel versprechen

Lösungsmuster:
- eher passiv abwartend
- Zeit lassen, vorsichtig sein, Risiken meiden
- Informationen sammeln
- dazulernen, Fachwissen erwerben; durchhalten
- Unterstützung suchen
- Realitäten ernst nehmen

Lösungshaltung:
(nach Friedmann)
"Große Probleme – einfache Lösungen."

Passende, begleitende Haltung für Coaches und Berater gegenüber „Gelben":

"Ich bin immer dann für dich da, wenn du mich brauchst."

Vermeiden: Unfreundlich und kalt agieren, für dumm erklären, hetzen.

Blaues Naturell

Wiederholungsfehler:
- Lethargie, Faulheit
- nicht (frühzeitig, klar, deutlich) Nein sagen
- das Chaos übertreiben
- Unentschlossenheit
- ständig die Verantwortung für Entscheidungen abgeben
- sich in der Opferrolle sehen oder sich in sie hineinmanövrieren

Lösungsmuster:
- aktiv werden
- Klarheit über Wollen und Nicht-Wollen
- attraktive Ziele, die zur Tat motivieren
- Risiken eingehen
- Mut zeigen
- Fehler zugeben

Lösungshaltung:
(nach Friedmann)
"Ich bin einmal neugierig, wie ich das löse."

Passende, zurückgenommene Haltung für Coaches und Berater gegenüber „Blauen":

"Ich bin neugierig, wie er dieses Problem lösen wird."

Vermeiden: An Stelle des Sachtyps das Problem lösen wollen.

Rotes Naturell

Wiederholungsfehler:
- zu viel arbeiten
- Privates zurückstellen
- Lebensfreude verlieren
- zu wenig schlafen
- private Beziehungen für den Erfolg in der Arbeit opfern
- Hobbys unterdrücken
- kindliche Seiten und Bedürfnisse ausblenden
- zu oft 'Nein' sagen

Lösungsmuster:
- das Gute sehen, wertschätzen, wiederholen
- die eigenen Kompetenzen bewusst machen
- Lösungsansätze registrieren und ausbauen
- neue Ideen aufnehmen
- Erwartungen reduzieren

Lösungshaltung:
(nach Friedmann)
"Gleiches mit Gleichem – positiv." (Kooperation)

Passende, herausfordernde Haltung für Coaches und Berater gegenüber „Roten":

"Es wäre doch gelacht, wenn sich keine Lösung fände."

Vermeiden: Zu privat oder zu nett sein, den Klienten schonen wollen.

Das Leitdreieck – naturelltypgerechte Lösungen fördern
Bei der Problemlösung kann es zudem hilfreich sein, einem
Muster zu folgen, das als *Leitdreieck* seit vielen Jahren erfolgreich eingesetzt wird: Hier lassen sich Interventionen aus verschiedenen Methoden einfügen und so das Gespräch gemäß der
jeweiligen Bevorzugung führen, z.B. mit lösungsorientierten
Interventionen im Sinne von *Steve de Shazer*:

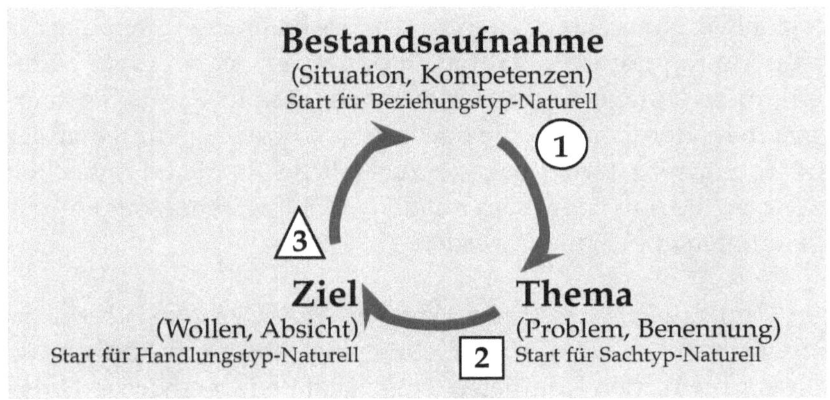

(1) 'Wunderfrage': Stellen Sie sich vor, Sie wachen morgen früh auf und Ihr derzeit dringendstes Problem ist
gelöst oder hat sich um 10% gebessert – woran würden Sie das bemerken?

(2) Angenommen, die Problemlösung verläuft erfolgreich, woran werden Sie das erkennen? Welchem Ziel
sind Sie dann näher gekommen? (oder einfach: Was
ist Ihr Ziel zu diesem Thema?)

(3) Gibt es Ausnahmen / Ausnahmezeiten, in denen Sie
(oder andere) bereits in Richtung des Ziels etwas erreicht
haben? Welche Kompetenzen wurden dabei genutzt, die
Sie hier (erneut) einsetzen können?

Mehr dieser lösungsorientierten Gesprächswerkzeuge und Fragen finden Sie in meinem Buch *„99 Lösungswerkzeuge – Praxis
der Problemlösung"* oder in den Büchern von Steve de Shazer (s.
Literaturverzeichnis am Ende des Buches).

Beispiele aus der Problemlösungspraxis

Nicht nur die Sprache, das Verhalten und die Interaktion mit anderen weisen je nach Naturell große Unterschiede auf, sondern auch der Umgang mit Schwierigkeiten. Besonders deutlich wird dies, wenn man Gelegenheit hat, Menschen beim Problemlösen zu beobachten, wie ich das seit über 20 Jahren als Berater und Coach darf. Probleme zu lösen gehört zu den existenziellen Notwendigkeiten und je mehr es ans Eingemachte geht, desto prägnanter tritt auch das jeweils bevorzugte Naturellmuster zutage. Dazu kommt noch, dass in Teams, Partnerschaften oder Familien die bevorzugten Lösungen miteinander in Konkurrenz treten und so zusätzliche Probleme entstehen können, die nun wiederum mit den „Lieblingswerkzeugen" der Beteiligten angegangen werden.

Im Grunde gleicht es einem Wunder, dass Menschen überhaupt zur Kooperation fähig sind. Gelingt dies aber und können die unterschiedlichen Kompetenzen je nach Bedarf eingesetzt werden, verbessert sich die Problemlösungswahrscheinlichkeit im Vergleich zu einem für sich allein arbeitenden deutlich. Jedoch sind mir auch Beispiele bekannt, in denen drei oder vier Menschen mit identischem Naturell am gleichen Thema arbeiten und letztlich nicht weiterkommen: Alle haben den gleichen *blinden Fleck* und bleiben in ihrem bevorzugten Muster stecken. Angenommen, drei „Blaue" möchten den Unternehmenserfolg verbessern und befassen sich gemäß ihrer Gewohnheit zunächst auf dem Papier und in vielen Gesprächen damit, die ökonomischen Grundlagen zu optimieren; dann bleibt automatisch der Bereich denkbarer und womöglich erfolgversprechender Aktivitäten (und Investitionen) mitsamt seinem Potential außen vor, was sich automatisch im Ergebnis auswirkt. Beispielsweise könnten sich Mitarbeiter mit anderen Bevorzugungen darüber ärgern, dass 'nichts vorwärts geht' oder dass sie nicht in die Problemlösungsbemühungen mit einbezogen werden. Oft genügt es für Beratende, den *Probleminhabern* hier die Augen über deren Naturell und die damit verbundenen Wahrnehmungs-, Denk- und Verhaltensmuster zu öffnen, um *einen Unterschied* zu bewirken.

◯ **Problemlösungsverhalten des Gelben Naturells**
Wenn Beziehungstyp-Menschen ausnahmsweise einmal dazu stehen, *dass* sie ein Problem haben, ist es bis zur Lösung meist nicht mehr weit. Da sie oft nur die Gesamtsituation als leidvoll, verwirrend, unverständlich oder undurchschaubar erleben, aber nicht verstehen, was der Kern des Problems ist, bleibt ihr Leiden eher auf der emotionalen Ebene. Gelangt es jedoch auf die sachliche und lässt sich in klare Worte fassen, ist der Sprung zur praktischen Konsequenz meist nicht mehr so schwer. Dies lässt sich nicht nur in den für „Gelbe" typischen Problemfeldern Zeit und Geld beobachten, sondern durchaus auch auf der Beziehungsebene oder in beruflichen Dingen. Durch den Hang zum Dramatisieren, dem Wunsch, es 'perfekt' haben zu wollen oder unrealistischen Traumvorstellungen (nach perfekter Verbundenheit aller Menschen oder Dinge, der ewigen Liebe usw.) machen sie häufig aus *kleinen blauen Fliegen große gelbe Elefanten*. Schwierigkeiten bei Beziehungstypen haben ihre Ursache oft in ihrer Unbeständigkeit, mangelnder Vorsicht oder zu geringer Detailkenntnis. Ihre Vertrauensseligkeit birgt die Gefahr, dass sie sich ausnehmen lassen. Nicht ernst genommene Geldprobleme und die Tendenz, alles durch eine rosarote Brille zu sehen, sind typische Fallen, in die sie mit oft fatalen Folgen geraten.

Daher ist die Konzentration auf ein einzelnes, lösbares Problem bzw. auf das vordringliche Thema für Menschen mit Gelbem Naturell bereits die halbe Miete. Dazu kann es hilfreich sein, sich die Situation einmal probehalber so vorzustellen, als sei sie schon gelöst. Vielleicht kristallisieren sich auf diese Weise ein oder zwei vordringliche Problemfelder heraus, die dann in Angriff genommen werden können. Und wenn es dann noch gelingt, weniger Dramatik und stattdessen mehr Sachlichkeit in die Angelegenheit zu bringen, verschiedene Optionen kühl abzuwägen, ist das Problem oft schon fast gelöst – nicht zuletzt auf Grund der bekannt positiven Lebenseinstellung dieser Menschen.

Drei weitere Problemlösungsmuster für Gelbe Naturelle: Da die Ursache einer problematischen Situation bei ihnen häufig in mangelnder Sachkenntnis zu finden ist, hilft es ihnen, sich kundiger zu machen, Zugang zu Fachinformationen zu suchen oder sich mit Spezialisten zu beraten. Eine weitere „Universallösung" liegt oft darin, dass die Schwierigkeit anders benannt wird (zum Beispiel weniger dramatisch und eher sachlich). Was für Menschen mit anderen Bevorzugungen von außen wie ein großes Problem wirkt, ist für „Gelbe" häufig im Grunde nichts anderes als eine spannende Herausforderung, die sie gelegentlich auch selbst provozieren, weil es ihnen langweilig geworden ist. Und zuletzt zeigt sich als häufig erfolgreiches Lösungsmuster, dass Schwierigkeiten, solange sie nicht existenziell bedrohlich sind und man wenig gegen sie unternehmen kann, einfach gelassen eine Zeit lang ignoriert werden (besonders, wenn sie im zwischenmenschlichen Bereich ihre Ursachen haben). Hier hilft das Heraushalten dazu, die Dinge ruhiger und mit etwas mehr Abstand anzugehen und sie nicht durch zu viel Emotionen und hektische Einmischung noch zu verschlimmern.

Ein Beispiel, wie Beziehungstypen Probleme lösen:
Ralf hatte es schon als Kind mit anderen Menschen besonders leicht gehabt: Sein Lächeln und sein Charme öffneten ihm Herzen und Türen. Hatte er in der Schule etwas nicht richtig verstanden, konnte er sicher sein, dass eine seiner vielen 'Freundinnen' ihn großzügig abschreiben ließ.

Nachdem er zwei Ausbildungen angefangen und wieder abgebrochen hatte, ließ er sich von einem Bekannten dazu überreden, in dessen Ferienclub auf Bali als Animateur zu arbeiten. Dort fühlte er sich sofort wohl, er bekam genug Geld für eine Tätigkeit, die ihn nicht anstrengte und bei der seine sonnige Art bestens ankam. Sein Talent war zu auffällig, um verborgen zu bleiben, so dass er bald von einem Nachbarhotel abgeworben wurde. Er bekam dort zwar nicht mehr Geld, aber er hatte jede Woche drei volle Tage frei.

Mit knapp 30 verliebte er sich (wie schon öfters) in eine Urlauberin. Bisher waren seine Gefühle stets bei der Abreise oder spätestens nach einigen Mails oder durch eine neue Bekanntschaft wieder abgelenkt worden – diesmal schien es ihn aber richtig erwischt zu haben. Er flog zum ersten Mal seit fast zehn Jahren wieder nach Europa, ohne seine Eltern zu besuchen – stattdessen wollte er der geheimnisvollen Fremden, von der er nur den Namen und die Schweizer Anschrift wusste, seinen Zustand persönlich erklären. Als sie ihn brüsk abwies und damit drohte, die Polizei einzuschalten, fiel er „wie in ein großes schwarzes Nichts" – so sagte er es später zu seiner Schwester. Er war nach dieser ernüchternden Begegnung in seiner Verzweiflung mitten auf einer Autobahnbrücke ausgestiegen und glücklicherweise von einem aufmerksamen Fernfahrer am Springen gehindert worden. Die Schwester kam persönlich in die Schweiz, um ihn abzuholen.

Während er ihr auf der Heimfahrt die ganze Geschichte erzählte, wurde ihm mit einem Mal sein wirkliches Problem bewusst: Sein Leben war langweilig geworden und voller geplatzter Träume. Er konnte diesmal nicht einfach wieder davonlaufen und so tun, als hätte er keine Probleme. Der Urlaubsbekanntschaft schrieb er einen Brief und bat um Verzeihung; die nächsten drei Jahre vermied er Liebeleien und konzentrierte sich ganz auf seine Arbeit und das Erlernen der Landessprache. Seine Kontakte zu Freunden in der alten Heimat pflegte er von da an dafür umso konstanter.

◇ Problemlösungsverhalten des Blauen Naturells

Bevorzugt auf den Bereich „Zeit" orientierte Menschen, also „Sachtypen" oder „Blaue", scheinen leidensfähiger zu sein als andere. Trotzdem (oder deswegen) mögen sie es, über ihre kleinen und großen Zipperlein hin und wieder etwas zu 'jammern'; vielleicht, um Aufmerksamkeit zu bekommen. Oder auch, um anderen zu signalisieren, dass sie es mit einem Menschen zu tun haben, der eben auch nicht perfekt ist. Problemgeschichten könnten auch so etwas wie 'fishing for compliments' oder vorbeugende Demut sein. Wie auch immer – in der Regel möchte ein solcher Mensch zwar Unterstützung, aber eher in Form von

Zeit und Zuwendung als in praktischer Einmischung. Sie würde nur zusätzlichen Stress hervorrufen und den Sachtyp daran hindern, sich selbst ausreichend zu motivieren, um die Sache anzugehen, die ihn beschäftigt. Eine 'Leidensgeschichte' kann also in Wirklichkeit aus dem Munde eines „Blauen" schlicht eine sachliche Schilderung der Lage sein, die nichts weiter einfordert als empathisches Zuhören und etwas zeitliche Anwesenheit bzw. Aufmerksamkeit. Trotzdem verwundert es nicht, dass Beziehungstypen spontan mit Empathie und Herz, Handlungstypen automatisch mit praktischen, auch mütterlichen, Ratschlägen oder tatkräftiger Einmischung reagieren möchten.

Im Sinne der Regel:

Behandle den anderen so,
*wie **er selbst** behandelt werden möchte*

zeigt sich jedoch, dass Menschen mit Blauem Naturell keine vorschnelle Lösung suchen, sondern eine fundierte, die möglichst wenig fehleranfällig ist. Tipps oder Alternativen, wie sie sich alternativ verhalten könnten, sind ihnen ebenso willkommen wie ein sachliches Feedback, vielleicht auch eine eigene praktische Erfahrung des Zuhörers. Will man gezielt helfen, empfiehlt es sich, wie zuvor im *Leitdreieck* beschrieben, Sachtypen in Richtung ihres Ziels zu unterstützen, sie an frühere Erfolge und Lösungsgeschichten zu erinnern und ihnen so Mut zu machen. Letztlich möchten sie aber selbst entscheiden und den passenden Zeitpunkt wählen, an dem sie aktiv werden. Auch wenn diese Menschen für die anderen Naturelltypen häufig inaktiv oder unentschlossen wirken – aus ihrer eigenen Sicht handelt es sich oft einfach um eine Art Anlaufzeit, während der es noch darum geht, Informationen, Fachkenntnisse, Detailwissen, Alternativen oder schlicht Kraft zu sammeln. Die Energie soll ja nicht unnötig verpulvert, sondern möglichst effektiv eingesetzt werden – und dazu ist aus Sicht des Blauen ein möglichst hohes Maß an Sicherheit über die Erfolgsaussichten notwendig.

Zu den universal einsetzbaren Problemlösungswerkzeugen, die für Sachtypen besonders nützlich sind, zählen neben dem bereits erwähnten 'Neinsagen' auch das kraftvolle, aktive Anstreben von klar definierten und motivierenden Zielen; ebenso der Mut, sich mehr als gewöhnlich zu trauen oder die Bereitschaft, Fehler zu machen und Kritik einzustecken. Viele Menschen mit Blauem Naturell berichten zudem, dass sie ohne regelmäßige körperliche Zuwendung und Aktivitäten (vor allem sportlicher Art) ihre Leistungsfähigkeit und Ausgeglichenheit rasch verlieren und in eine lethargische, unmotivierte 'Standby-Haltung' verfallen, in der sie nur noch unzufriedener werden. Hilfreich scheint auch ihr manchmal besonders schwarzer Humor oder ihre Verwurzelung im Geistigen, die sie selbst aussichtslose Lagen mit stoischer Gelassenheit ertragen lässt.

Ein Beispiel, wie Sachtypen Probleme lösen:
Tomas war 35, als er während einer Studienreise in München hängen blieb. Seine ungarischen Mitreisenden sagten, es sei das Schicksal gewesen, das ihn zum richtigen Zeitpunkt an den richtigen Platz verschlagen habe. Er stimmte ihnen zu, denn genau so erging es ihm von Kindheit an – als ob eine geheimnisvolle Macht seine Wege bestimmte. Wie sonst war es zu erklären, dass die Bedienung im ersten Biergarten ihn auf Ungarisch ansprach, obwohl er kein Wort gesagt hatte? Dass sie aus dem Nachbardorf seiner Kindheit stammte? Dass sie ihn fragte, ob er nicht in München bleiben wolle und der Wirt ihn noch am gleichen Tag als Aushilfskellner einstellte? Dass er wie zufällig schon lange ein Faible für die deutsche Sprache hatte, die ihm nun überaus nützlich war?

Seine Probleme begannen damit, als ihn eines Abends eine Frau im Lokal fragte, ob er nicht mit ihr ausgehen wolle. Die Bekanntschaft war ihm angenehm, hatte er doch bis vor Kurzem noch bei seinen Eltern gelebt und bewohnte nun alleine eine kleine Dachstube. Eine echte Freundin hatte er seit Jahren nicht mehr gehabt. So konnte er nicht Nein sagen, auch nicht, als sie heiraten wollte. Bald war seine Frau schwanger und obwohl sie sich nach Kräften bemühten, etwas zu sparen, reichte das Geld gerade so hin. Heimlich aß er Reste im Lokal, um seinen kleinen

Etat zu schonen – und um den Deutschkurs für Fortgeschrittene
zu bezahlen, den er in seiner Freizeit besuchte.

Während seine Frau durch die Schwangerschaft zunahm, verlor
er ständig an Gewicht. Er litt unter Schlaflosigkeit und depres-
siven Verstimmungen. Dem Arzt schenkte er großes Vertrauen,
weil der sich Zeit nahm und ihn ausführlich untersuchte. Eigentlich hatte er Medikamente oder eine Therapie erwartet – stattdessen erhielt er die Anweisung, mindestens zwei Mal die Woche
eine Stunde Sport zu treiben, er bekam Massagen verschrieben
und eine große Gratis-Packung Zinktabletten aus dem Muster-
schrank des Doktors. Gewissenhaft hielt er sich an alle Verord-
nungen, auch weil er merkte, dass sie ihm vom ersten Tag an gut
taten. Sein Appetit kehrte zurück, die Rückenschmerzen und
die Schlafprobleme verschwanden ebenso, wie sie gekommen
waren. Auch der Lebensmut kehrte zurück. Sein Ziel war nun,
eine private Abendschule für Physiotherapeuten zu besuchen,
denn die Arbeit des Masseurs hatte ihn tief beeindruckt. Seine
Motivation war so stark, dass er sogar seine 'unantastbaren' Reser-
ven, die er bisher eisern gehütet hatte, lockermachte, um die
Schulgebühr zu bezahlen. Es erschien ihm wieder einmal wie
ein Wunder, dass er gerade diesen Arzt und diesen Masseur kennengelernt hatte und seine Dankbarkeit dafür drückte er bei
jeder sich bietenden Gelegenheit aus.

▽ Problemlösungsverhalten des Handlungstyps

Menschen mit Handlungstyp-Naturell leiden extrem, wenn
sie sich blockiert oder in ihrem Handlungsspielraum behindert
sehen. Werden sie von ihren körperlichen Kräften oder ihrer seeli-
schen Harmonie verlassen, erleben sie dies als Zumutung, die
so rasch wie möglich behoben werden muss – zur Not durch
einen Arzt oder Therapeuten; da sie diese jedoch eher spät auf-
suchen, ist es dann meistens schon recht ernst.

Schaden fügen sich Handlungstyp-Menschen häufig dadurch
zu, dass sie dem Alkohol überreichlich zusprechen oder sich viel
zu viel Arbeit und Verantwortung aufladen. Hier versagt regel-

mäßig ihre sonst gut entwickelte Fähigkeit zum 'Nein'. Die Folge dieser Einseitigkeit ist nicht selten, dass ihr soziales Leben leidet und sie ihre kreativen, spielerischen oder genussvollen Seiten vernachlässigen. Insgesamt empfinden „Rote" das Leben eher als einen Kampf oder eine Anstrengung denn als etwas, das Spaß macht. Sätze wie "Das Leben ist kein Ponyhof" dürften von Menschen mit diesem Naturell geprägt worden sein.

Verschärfend kommt hinzu, dass „Rote" durch ihre Ziel- und Ergebnisorientierung häufig das schon Erreichte und damit ihre Kompetenzen vergessen, vor allem im zwischenmenschlichen Bereich. Sich diese bewusst zu machen (auch wenn sie noch nicht perfekt verfügbar sind) gehört damit zu ihren wirkungsvollsten Problemlösungswerkzeugen. Auch sollten sie ihre Ziele nicht, wie häufig beobachtet, als 'negative Ziele' beschreiben (etwas weg haben wollen, nicht mehr dies oder das erleben wollen), sondern sich klar machen, was sie *stattdessen* – als positiven Ersatz – möchten. Solche positiven Vorgaben (oder auch Vorbilder, denen man folgen kann), die Vorstellung von etwas, das noch gar nicht da ist, auf das man sich aber freut, fordert und stärkt ihre eher vernachlässigte Fantasie und Vorstellungskraft. Häufig merken sie dabei, dass sie bereits einiges in diese Richtung getan haben und können dann die schon einmal erfolgreichen Rezepte wiederholen. Das Motto heißt dann schlicht 'mehr von dem, was schon funktioniert hat'. Gelingt es so, neue Zusammenhänge zu erschließen und die Dinge in eine gute Relation zueinander zu setzen, sind Menschen mit Rotem Naturell ihrem Ziel bereits ein großes Stück näher gekommen und ihre Lebensfreude wächst wieder.

Ein Beispiel, wie Handlungstypen Probleme lösen:
Vor zwölf Jahren hatte Angelika ihre Tätigkeit bei der Baufirma Maurer & Söhne begonnen. Damals war sie heimlich mit dem Geschäftsführer liiert, den sie als Kunden im Steuerbüro kennengelernt hatte. Er wollte sie möglichst oft in seiner Nähe wissen und stellte sie ein. Dass sie nicht nur eine treue Freundin, sondern auch eine tatkräftige Frau war, konnte ihm nicht lange ver-

borgen bleiben. Wenn sie ihn spätabends aus dem Büro auf ein Glas Bier abholte und sah, dass er noch Briefe diktierte, setzte sie sich wie selbstverständlich an ihren PC und schrieb gleich mit, ohne die Stunden aufzuschreiben.

Für beide war ihre Beziehung im Grunde eine Mischung aus gemeinsamer Arbeit, Freundschaft und einer Bettgeschichte, wie sie sich jetzt im Rückblick lachend eingestehen können. Er war ledig und sie hatte ihren griesgrämigen Mann schon lange gründlich satt und nutzte jede Gelegenheit, aus dem Haus zu kommen. Doch dessen lange Krankheiten und ihr Eheversprechen hielten sie davon ab, die letzte Konsequenz zu ziehen. Es schien ihr sogar so, als ob er von ihrer Affäre wüsste und Verständnis dafür hätte. Aus Pflichtgefühl und schlechtem Gewissen erledigte sie neben der Arbeit noch den gesamten Haushalt und verbot ihrem Mann, sich hier einzumischen, was dieser auch respektierte.

Nachdem es einige Jahre in dieser Konstellation funktioniert hatte und sich alle an das Arrangement gewöhnt zu haben glaubten, streikte plötzlich ihr *Herz*. Zwar hatte sie schon öfters Stiche gespürt, wenn sie nach elf Stunden auf der Arbeit noch alle Fenster im Haus putzte, aber nun wachte sie nachts dadurch auf. Sie fuhr noch selbst in die Notaufnahme und versuchte, dem Arzt das Problem zu erklären, als sie das Bewusstsein verlor. Auf die Entlassung aus dem Krankenhaus folgte eine Kur und die Ermahnung der dortigen Psychotherapeutin (zu der sie nur widerstrebend in die Sprechstunde gegangen war, weil die Schlafstörungen erneut begannen), mehr auf ihr Wohlbefinden zu achten und es mit der Arbeit auch einmal genug sein zu lassen. Über ihre privaten Geschichten hatte sie nicht zu erzählen gewagt, aber sie wusste selbst, dass ihr hier die echte Harmonie fehlte und ihr Herz sich gegen das Arrangement gewehrt hatte. Gleich nach ihrer Rückkehr ging sie zur Anwältin und leitete die Scheidung in die Wege, ihrem Freund und Chef kündigte sie und suchte sich eine Stelle, bei der sie tatsächlich nur 36 Stunden in der Woche arbeiten durfte. Sie fühlte sich wie auf Wolken, als nach dem ersten Arbeitstag dort ihr ehemaliger Arbeitgeber und künftiger Ehemann sie zu einem Theaterabend abholte. Dass sie ihn heiraten wollte, hatte sie ihm deutlich gesagt, als feststand, dass die Scheidung problemlos durchgehen würde.

Soviel Ordnung musste schließlich sein und die langen Jahre an Erfahrung mit ihrem 'Verhältnis' waren nun wirklich ausreichend um zu wissen, worauf sie sich einließ.

Besser verstehen, was zwischen Menschen geschieht

Interaktionsmuster, also das, was *zwischen* zwei Menschen geschieht, wenn sie miteinander zu tun haben, können sehr gut und erhellend beschrieben werden, wenn man auf die jeweiligen Naturellzugehörigkeiten achtet. Die hierbei auftauchenden Muster haben ihren Ursprung nämlich häufig direkt im Naturell der Beteiligten und gehen so weit über das hinaus, was ansonsten unter 'Rollen' oder 'situativem Verhalten' beobachtet wird.

Selbstverständlich spielen auch andere Faktoren (vgl. die Auflistung der persönlichkeitsbildenden Einflüsse in Kapitel 1) eine Rolle, wenn es darum geht, wie gut man sich versteht. Aber es ist immer wieder erstaunlich, wie erhellend ein Blick 'hinter die Kulissen' der Agierenden sein kann. Ziel der folgenden Musterbeschreibungen ist vor allem, die Naturellunterschiede anhand besonders prägnanter Punkte bewusst – und damit veränderbar zu machen. Auch dürfte an diesen Beispielen klar werden, dass nicht jeder Mensch die gleiche Situation ähnlich erlebt, sondern dass seine auch vom Naturell mit geprägte Eigenart einen enormen Einfluss darauf hat: *Die Welt ist so, wie jemand sie erlebt* – auch von seinem naturelltypischen Blickwinkel aus gesehen.

Anmerkung: Weitergehende Hinweise darauf, wie sich die Naturellunterschiede in Paarbeziehungen auswirken, finden sich bei Interesse im Buch *Der Gorilla in meinem Bett*, das beim mvg-Verlag erschienen ist.

◯◯ Zwei Gelbe Naturelle

Da hier beide die Verbundenheit bevorzugen und beachten, ob sie vorhanden ist, wird der 'Beziehungsfaktor' eine große Rolle spielen. Gibt es auf der emotionalen Ebene grünes Licht, sieht man eine freundliche, offene und meist sprunghafte Unterhaltung mitsamt viel theatralischen oder dramatischen Ausschmückungen. Beide erzählen und hören gerne Episoden und Geschichten, am liebsten etwas über Menschen oder mit spannendem, abwechslungsreichem, überraschendem Inhalt. Seltener geht es um sachliche Themen bzw. nur um ein einzelnes. Erkennbar ist in solch einer Begegnung auch, dass beide einander anhaltend direkt ins Gesicht schauen und aus der Mimik ablesen, wie der Gesprächspartner reagiert. Man hört viele 'Jas' und viele Adjektive, die Themen springen vor und zurück, wobei sich beide gerne in die Erzählungen des anderen einmischen, nachfragen, kommentieren usw.

Beispiel für zwei Menschen mit Gelbem Naturell (Beziehungstypen): Regine und Ruth lernten sich im Freibad kennen, wohin sie mit ihren Kindern öfters schwimmen gingen. Noch bevor diese sich anfreundeten, hatten sie Kontakt aufgenommen und sich über dies und das unterhalten. Die Nachmittage vergingen wie im Flug und beide waren froh, dass die andere gegen Ende der Saison nicht anfing, Telefonnummern oder E-Mail-Adressen auszutauschen. Es war nett und man würde sich wieder begegnen, wenn sich die Gelegenheit ergab. An sozialen Kontakten mangelte es beiden nicht und so waren die gemeinsamen Freibadtage schön und genug. Nächsten Sommer begegneten sie sich an gleicher Stelle wieder und verstanden sich erneut prächtig. Es war inzwischen viel 'Dramatisches' passiert, so dass es Gesprächsstoff ohne Ende gab. Wieder ging der Sommer zu Ende, ohne dass eine von beiden Anstalten machte, dem Zauber des Augenblicks Dauer verleihen zu wollen. Umso überraschter waren sie jedoch, als sich herausstellte, dass zwei ihrer Kinder in die gleiche Grundschulklasse gehen würden. So traf man sich plötzlich regelmäßig und für die anderen Eltern sah es so aus, als seien die beiden schon lange dicke Freundinnen.

◇◇ **Zwei Blaue Naturelle**
Hier zeigt sich meist eher eine sachliche, ruhige und gelassene Unterhaltung. Dauert sie länger, registrieren beide, wie lange sie sich unterhalten und ob es spannend oder gewinnbringend ist. Für einen Außenstehenden könnte auffallen, dass oft kleine Andeutungen genügen, eine Menge zu sagen oder dass die Kommunikation eher indirekt läuft. Ebenso kann ein heimlicher Kampf um die 'Themenhoheit' bzw. um die Aufmerksamkeit und die Anerkennung des Gesprächspartners auffallen, vielleicht auch ein sehr trockener Humor. Beiden wird es schwer fallen, das Gespräch aktiv zu beenden.

Beispiel für zwei Menschen mit Blauem Naturell (Sachtypen):
Als Herr und Frau Töpfer sich kennen lernten, war er bereits 44, sie erst 37. Sie arbeiteten zwar seit langem in der gleichen Behörde, hatten sich auch öfters gesehen oder ein paar Worte miteinander gewechselt, wenn sie zufällig in der Schlange vor der Essensausgabe standen – dabei aber nichts über den anderen erfahren. Näher kamen sie sich erst, als Herr Töpfer eines Abends mit einer großen Flasche Sekt im Aufzug stand und sie ihn darauf ansprach. Er erzählte von seiner Beförderung, worauf sie ihm spontan gratulierte und herzlich, wenn auch ungeschickt, die Hand drückte. Vor Überraschung ließ er die Flasche fallen und hielt im Erdgeschoss den Aufzug an, um Eimer und Lappen zu besorgen. Beim Aufwischen fand sie den Mut, ihn zum Ausgleich noch auf ein Glas Sekt im Bistro nebenan einzuladen. Darauf verabredeten sie sich häufiger, fingen an, zusammen zum Tanzen zu gehen und sich anzufreunden. Als er in eine andere Stadt versetzt wurde, besuchten sie sich weiterhin und verliebten sich schließlich. Beobachtet man die beiden, die jetzt seit über 15 Jahren verheiratet sind, fällt ihr stilles, fast wortloses Verstehen und auch die Ähnlichkeit im Gang und in der sparsamen Gestik auf. Ausdauernd betreiben sie ihre Lieblingssportarten, Tennis und Marathonlauf. Streit (z.B. wegen Eifersucht) gibt es nur selten, und wenn doch, dauert die Versöhnung zwar etwas länger, aber meist beendet eine wortlose, vielsagende Umarmung das ebenso „vielsagende" Schweigen zwischen ihnen.

∇∇∇ **Zwei Rote Naturelle**

Handlungstyp-Menschen bevorzugen in ihren Gesprächen ebenso wie in ihrem gesamten Leben die aktiven Seiten, also wird ein Gespräch und eine Begegnung meist kraftvoll, deutlich und direkt verlaufen, wenn zwei von ihnen aufeinandertreffen. Sie führen gerne zielorientierte Gespräche, am liebsten über berufliche Themen. Kumpelhaftes oder ritualisiert-förmliches Verhalten dient dazu, emotionale Nähe oder unerwünschte Privatheit zu vermeiden. Zwei „Rote" können sich auch durchaus heftig auseinandersetzen, dabei ihre 'Hackordnung' klären und danach wieder harmonisch zusammen arbeiten; oft entsteht eine Beziehung und Freundschaft sogar erst dann, wenn diese Auseinandersetzungen stattfinden (z.B. wenn zwei Handlungstyp-Kinder in einer Rauferei herausgefunden haben, wer der Stärkere bzw. 'der Chef' ist – und von da an am liebsten mit dem früheren „Feind" spielen). Auch Geschäftsverbindung zwischen „Roten" entstehen oft durch Auseinandersetzungen, z.B. Reklamationen, Streits oder weil man sich um den gleichen Auftrag oder Kunden konkurriert.

Beispiel für zwei Menschen mit Rotem Naturell (Handlungstypen):
Albert und André spielen seit Jahren im selben Orchester, beide sind verheiratet und haben sich im Laufe der Zeit angefreundet. Von neuen Mitspielern werden sie öfters für Brüder gehalten, obwohl sie sich kaum ähnlich sehen. Aber ihre Gestik, ihre Stimmen und die Art, wie sie in Spielpausen gedankenverloren mit der freien Hand den Takt schlagen, lassen doch Ähnlichkeiten erkennen. An Trinkfestigkeit kann keiner den anderen überbieten und beide lachen herzhaft über dieselben Späße, wenn sie im Club feiern. Als sie ihre Häuser bauten, halfen sie einander wie selbstverständlich mit Maschinen aus und gaben ihre jeweiligen Erfahrungen zum Besten. Und wenn Not am Mann war, packten sie auch auf der Baustelle mit an, ohne einen Lohn oder Dank zu fordern. Trotzdem ist es zu einer wirklich privaten Einladung oder Begegnung bisher nicht gekommen, aber beide überlegen für sich, den Kollegen zum nächsten Geburtstag einzuladen und ihm dann auch das Du anzubieten.

○ ◇ Gelbes und Blaues Naturell

In dieser Konstellation taucht ein Gefälle auf, da der „Gelbe" im Sachtypen das überreichlich entdeckt, was *ihm* fehlt, nämlich „das Blaue". Eine gewisse Faszination für dessen „blaue" Ausstrahlung (Ernsthaftigkeit, Verständnis, Detailkenntnisse, Tiefgang, geheimnisvolles Wesen) ist wahrscheinlich, manchmal auch gepaart mit Erotik. Ebenso jedoch das Bedürfnis, dem Gegenüber auf die Sprünge helfen zu wollen, wenn dieser sich gewohnheitsgemäß mehr Zeit nimmt, als der Beziehungstyp dies für notwendig hält – oder sich über sämtlich verfügbaren Optionen und deren ökonomischen Folgen informieren möchte.

Der „Blaue" andererseits sieht sich vom „Gelben" durchaus einmal 'überrollt' wie von einer überraschenden Welle am Strand, die nichts als Schaum und Nässe zurücklässt. Auch erscheint ihm dieser lebhafte und quirlige Mensch chaotisch, sprunghaft und mit wenig Konstanz ausgestattet – was er aber erst mit der Zeit erkennt. Die Themenvielfalt des Beziehungstyps kann den Sachtyp rasch überfordern oder überreizen. Trotzdem genießt er dessen Aufmerksamkeit und lässt sich von ihm gerne anregen, ohne ihm jedoch sofort zu folgen bzw. zuzustimmen.

Beispiel für Gelbes und Blaues Naturell
Rita hat als „Gelbe" automatisch immer ein Auge für interessante Menschen und Männer; so fiel ihr bei der jährlichen Fortbildungswoche ihres Unternehmens auch sofort Timo auf: Er trug einen auffälligen Strohhut, als er aus dem alten Porsche-Cabrio stieg und dabei fast über seinen eigenen Koffer gestolpert wäre. Im Seminar wirkte er sehr geheimnisvoll und unnahbar – solche Männer hatten sie schon immer angezogen. Bei der Vorstellungsrunde hörte und registrierte sie, dass er aus der Niederlassung Passau kam und dort Gruppenleiter für Finanzen war. Bei der Abreise am nächsten Abend stand sein Wagen direkt vor ihrem; sie half ihm beim Einladen der Taschen in den viel zu engen Kofferraum und sah, wie er fast unmerklich lächelte, während er heimlich ihren Körper in Augenschein nahm. Spontan wie immer steckte sie ihm ihre Visitenkarte zu und meinte,

wenn er einmal in München wäre, solle er sich doch auf einen
Kaffee bei ihr melden. Als er „Ja, vielleicht" sagte, war es um sie
geschehen. Sie hielt es nicht lange aus, und fuhr gleich am nächsten Wochenende nach Passau und suchte in den feineren Wohnge-
genden nach dem auffälligen Porsche. Timos Name fand sich
außer auf den firmeninternen Internetseiten in keinem Telefon-
oder Adressverzeichnis, so dass sie auf eigene Faust suchen
musste, was die Sache natürlich noch spannender machte. Bald
stand sie vor einem avantgardistischen Bungalow und übersah
dabei, dass neben dem ihr bekannten Porsche noch ein typisches
Frauen-Cabrio in der Einfahrt parkte. Sie beschloss, gleich aufs
Ganze zu gehen und schlich durch den Garten auf die Terrasse,
wo ihr Timo schon mit augenscheinlicher Verlegenheit entge-
genkam und ihr seine Freundin vorstellte. Rita hätte sich am
liebsten in Luft aufgelöst und fühlte sich unendlich klein und
dumm ...

Dazu noch ein sehr treffend beobachtetes Beispiel (aus dem Buch
„Grundlagen und Grenzen des Verstehens von Gefühlen" von
Günter Hiller, das ich sehr empfehlen kann): *Eine Beziehungstyp-
Frau verliebt sich in einen Sachtyp-Mann. Häufig entzündet sich die
„Attraktion" (= Anziehung) an der Faszination jener Eigenschaften,
über die man selbst weniger verfügt. So ist die Beziehungstyp-Frau
von der ruhigen und gelassenen Art, die der Sachtyp-Mann für sie
ausstrahlt, sowie von seinen tiefgründigen Gedankengängen fasziniert.
Umgekehrt ist der Sachtyp-Mann von der lebenslustigen Fröhlichkeit
und der spontanen und herzlichen Art dieser Beziehungstyp-Frau beeindruckt. Die Beziehungstyp-Frau übernimmt jegliche Initiative und
bald schon sind sie ein „Paar"; wohnen aber noch nicht zusammen.
Nun jedoch tauchen die ersten Probleme auf: Die Beziehungstyp-Frau
überschüttet den Sachtyp-Mann geradezu mit ihrer Liebe, möchte
ihn natürlich auch täglich sehen und fordert ihn deswegen auf, jeden
Abend (nach der Arbeit) zu ihr zu kommen. Der Sachtyp-Mann fühlt
sich durch diese „Liebe" eingeengt und nahezu erdrückt; er wünscht
sich mehr Freiräume, möchte seine Abende auch einmal alleine mit
seinen Freunden oder mit seinen Büchern verbringen. Dies wiederum
kann die Beziehungstyp-Frau schwerlich nachvollziehen und macht*

ihm entsprechende Vorhaltungen. Schließlich seien sie ein Paar und deswegen verstünde es sich von selbst, dass man sich täglich sehe und die Zeit gemeinsam verbringe. Der Sachtyp-Mann sieht dies völlig anders: Er beharrt darauf, dass er seine Freiheiten brauche und deswegen manche Abende auch allein mit seinen Freunden verbringen wolle. Die Beziehungstyp-Frau reagiert gekränkt und wirft ihm vor, dass er sie dann gar nicht richtig liebe, wenn er seine Freizeit lieber mit seinen Kumpels oder Büchern verbringen wolle als mit ihr. Der Sachtyp-Mann kann diese „naive Logik" überhaupt nicht nachvollziehen. Was habe das eine mit dem anderen zu tun. Es sei doch völlig normal, auch mal allein sein zu wollen oder ohne Freundin mit seinen Kumpels wegzugehen. Der Konflikt nimmt seinen Lauf: Je mehr die Beziehungstyp-Frau klammert und ihn mit entsprechenden Vorwürfen überhäuft, desto mehr zieht sich der Sachtyp-Mann zurück und zeigt sich ihr gegenüber kühl und abweisend. Dieses Beispiel zeigt ein typisches Konfliktmuster zwischen Beziehungs- und Sachtypen. In die Beziehungstyp-Struktur ist ein starkes Nähe-Bedürfnis eingestrickt, während in der Sachtyp-Struktur ein hohes Maß an Distanzwünschen eingewoben ist. Gelingt es nicht, diesen Nähe-Distanz-Konflikt zu lösen, ist eine Trennung fast unvermeidlich.

○▽ Gelbes und Rotes Naturell

Aus Sicht des „Gelben" ist sein Gegenüber eher kalt und maskenhaft, was sich für ihn nicht nur am emotionslosen, von ihm oft als „grimmig" oder „unfreundlich" wahrgenommenen Gesichtsausdruck, sondern auch an der aus seiner Perspektive viel zu geringen emotionalen, herzlichen Verbundenheit zeigt, mit der dieser ihm entgegentritt. Da hilft auch korrektes Verhalten nichts, denn dem Beziehungstyp-Gespür entgeht nicht, ob sein Gegenüber mit dem Herzen dabei ist oder nur eine Rolle spielt. Entweder er nutzt nun seinen Vorsprung in dieser Richtung aus oder ärgert sich über das unflexible, oft negative Verhalten des Handlungstyps, der seinerseits von der permanenten Beziehungsaufnahme oder den vielen Ideen des „Gelben" genervt ist. Im Ergebnis fühlt sich also der „Rote" so, als hätte er es mit einem Kind zu tun und der „Gelbe" sieht sich genau hier nicht verstanden oder gar ungeliebt, was ihn recht hilflos zurücklässt, da er nicht wie sonst gewohnt 'andocken' kann und die gesuchte Verbundenheit ausbleibt. Dies ändert sich erst im Laufe der Zeit, nämlich dann, wenn sich der Handlungstyp mit seinem Gegenüber bekannter gemacht hat, freundlicher wird, seinerseits seine lustige, kindliche Seite ans Tageslicht lässt und Vertrauen fasst. Meist gelingt das erst dann, wenn der Beziehungstyp-Mensch seine Bemühungen um das Geliebtwerden und die Beziehungsebene aufgibt und so Raum lässt, den der Handlungstyp-Mensch dann auf seine (oft etwas unbeholfene) Weise ausfüllen kann.

Beispiel für Gelbes und Rotes Naturell:
„Der Junge gefällt mir!" sagte der unübersehbar mit einem Roten Naturell gesegnete Malermeister Anton zu seiner Frau beim Abendessen nach einem langen Arbeitstag. „Rudi wird unser nächster Auszubildender." Dieser hatte zwar erst etwas verängstigt vor dem massigen Mann gehockt, als der ihm ohne große Erklärung einen dicken Pinsel und den Farbeimer in die Hand drückte. Er solle diesen alten Schemel neu streichen, hieß die Prüfungsaufgabe. Anton gefiel es, wie der junge Mann an die Sache heranging – nach Dosen mit Farbresten fragte und dann rasch und scheinbar mühelos ein kleines Kunstwerk aus dem schlichten Möbelstück zauberte – kein großes Problem für einen kreativen Beziehungstypen, der schon als Kind reichlich Farben und Malpapier verbraucht hatte. Lauter bunte Würmer verzierten das Teil und ließen den Meister kurz auflachen. „Du wärst bei den Kunstmalern auch gut aufgehoben", lobte er gegen seine, für einen „Roten" typische Gewohnheit. Der Junge erinnerte ihn an seine eigene Jugend und an längst verblasste Träume von einer Malerwerkstatt im Süden und dolce vita. Vielleicht konnte er ihn ja zu seinem Nachfolger aufbauen, dachte er frohgelaunt – doch gleich darauf auch: Wenn er nur nicht so fahrig und wechselhaft wird wie mein letzter Geselle – der hatte auch sehr hoffnungsvoll angefangen und dann mit meiner Tochter angebandelt ... Doch diesen düsteren Gedanken schob er mühsam beiseite und versuchte, sich noch einmal die kleine Malerwerkstatt im Süden vorzustellen.

◇▽ **Blaues und Rotes Naturell**

In dieser Kombination hat der „Rote" einen Vorsprung, da ja seine Bevorzugung für die aktiven Seiten des Lebens der Vernachlässigung derselben durch den „Blauen" gegenübersteht. Somit wird er leicht zum (unerreichbaren) Vorbild für den Sachtyp, z.B. was Durchsetzungskraft, Zielgerichtetheit, körperliche Stärke oder schlicht den materiellen Erfolg betrifft. Dabei wirkt die Kluft unüberwindlich groß, so dass es nur folgerichtig erscheint, dem Handlungstypen gleich das Feld und somit einen Großteil der praktischen Arbeit zu überlassen. Und da dieser rasch 'Muttergefühle' für den aus seiner Sicht oft unpraktischen oder umständlichen Sachtypen entwickelt, gleichzeitig aber die Ruhe, Vorsicht und den dezenten Charme dieses Menschen schätzt, kann sich eine sehr haltbare Allianz entwickeln. Ebenfalls von Vorteil ist, dass beide keinen übertriebenen Wert auf persönliche Verbundenheit legen, so dass diese wie von selbst wachsen kann oder auch nicht. Die Kooperation oder das Arrangement kommt schlichtweg ohne zu viel persönliche Nähe aus und konzentriert sich stattdessen auf die praktischen und sachlichen Aspekte.

Beispiel für Blaues und Rotes Naturell:
Frau Talheimer zog mit 35 endlich in ihre eigene, viel zu große Eigentumswohnung. Die Eltern hatten sie ihr gekauft und damit die Hoffnung verbunden, ihr endlich zur Selbstständigkeit und vielleicht gar zur Lust auf eine eigene Familie zu verhelfen. Ihre Mutter Anna hatte alles in die Hand genommen und generalstabsmäßig geplant. Der Tochter war das alles viel zu schnell. Wenn es nach ihr gegangen wäre, hätte sie lieber zuerst einige Wohnungen angesehen und sich Alternativen offengelassen. Doch das finanzielle Angebot, ihr einen Teil des Erbes in Form der Wohnung vorab zukommen zu lassen, konnte sie nicht ausschlagen. Sie selbst hatte zwar eine ganz beträchtliche Summe angespart, aber für eine Wohnung hätte es ohne Schulden, die sie vermeiden wollte, keinesfalls gereicht. Doch schon der Gedanke an den bevorstehenden Umzug bereitete ihr Stress und ließ sie schlecht schlafen. So war sie froh, als ihr die Mutter die mei-

ste Arbeit abnahm, ihr die Kartons einpackte und beschriftete, Handwerker beauftragte, die passgenaue Einbauschränke lieferten, den kleinen Garten bepflanzte und einen Umzugsservice engagierte. „Es geht von deinem Erbe ab", meinte sie und schien die Aktion sehr zu genießen. Frau Talheimer aber fühlte sich wie so oft schon in ihrem Leben: als kleine, unscheinbare Tochter neben der perfekten und über alle Maße tatkräftigen Mutter. Jegliche Motivation auf eine eigene Familie war ihr wieder einmal vergangen – nie würde sie in diese riesigen roten Fußstapfen treten können.

Konsequenzen der Verschiedenheit für das Zusammenleben von Familien und Teams

Als ich das erste Mal über die hier beschriebenen Unterschiede las (in einem Buch von Dietmar Friedmann und Klaus Fritz) war ich ausgesprochen skeptisch gegen jeden Versuch, Menschen in Schubladen zu stecken bzw. zu typisieren. Nur zu gut hatte ich die zahlreichen dilettantischen Versuche einiger Bekannter in Erinnerung, mich gemäß meinem *Sternzeichen* einer Gruppe zuzuordnen, mit der ich mich überhaupt nicht identifizieren konnte (ganz zu schweigen von meinem intellektuellen Unbehagen beim Gedanken, dass Gestirne Einfluss auf mein Wesen haben sollten). Dementsprechend hochgezogen waren meine Augenbrauen auch, als ich im ersten Kapitel über die „Beziehungstypen" las und mich darin sehr gut getroffen sah. „Aber gut", dachte ich, „das ist vermutlich einfach gut geschrieben und für jeden Menschen zutreffend" – bis ich zum zweiten Kapitel über Sachtypen kam und darin nicht mich selbst, sondern meinen Vater und zwei meiner Brüder erkannte – und im dritten Kapitel meine Mutter und meinen älteren Bruder bei den Handlungstypen wiederfand. Ich blätterte zurück und las alles noch einmal, wie es immer dann der Fall ist, wenn mich etwas fasziniert und beschäftigt. Sollte da etwas sein, das mir bisher verborgen geblieben war und mir einen neuen Blick auf meine Kindheit geben konnte? Bald wurde mir klar, warum ich mich als „gelbes" Kind in einer Familie voller „Blauer" und „Roter" so unwohl, ja unverstanden gefühlt hatte. Ich erinnerte mich an eine Szene, in der ich mit vielleicht sechs Jahren heulend im Flur stand, meine Eltern und Brüder um mich versammelt und nur stammelnd herausbrachte: „Keiner hier versteht mich!". Aber mir fielen auch die besonderen Momente ein, die ich mit meiner „gelben" Großmutter, dem „gelben" Patenonkel und seiner Frau oder mit einer „gelben" Gemeindeschwester, die einsprang, als meine Mutter in Kur war, verbrachte. Oder an meine „gelben" Freunde und Schulkameraden. Jedenfalls war mein Interesse nachhaltig geweckt, wie sich im Rückblick leicht erkennen lässt.

Hier als Beispiel eine Darstellung der Naturellverteilung in meiner Herkunftsfamilie (basierend auf meinen, z.T. rückblickenden, Beobachtungen und Vermutungen über die jeweilige Naturell-Zugehörigkeit):

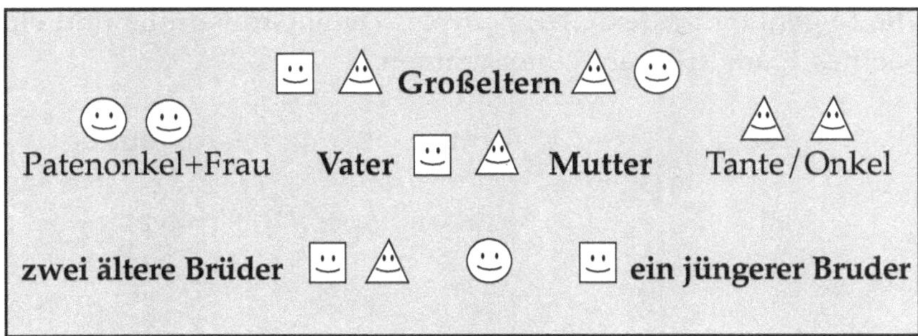

Ähnliche Geschichten habe ich von zahlreichen Leserinnen und Lesern oder Kursteilnehmern gehört, die sich über ihr eigenes Naturell und das ihrer nächsten Verwandten klar geworden sind – viele davon mit großer Erleichterung oder auch mit einem gewissen „Erschrecken" (auch manchmal darüber, wie viel „Schaden" man als Eltern bereits durch das Missverstehen seiner Kinder angerichtet haben kann, weil man ihr Naturell nicht kannte und diesen Aspekt daher auch nicht berücksichtigt hat).

Dass sich viele nach diesen Erkenntnissen bald auch fragen, welcher Naturellgruppe wohl ihre „erste Liebe", Haustiere, Schulfreunde oder Lehrer angehört haben, ist leicht verständlich.

Gerade also im Zusammenleben von Familien oder im Zusammenarbeiten von Teams kann es einen enormen Unterschied bewirken, die Naturellunterschiede zu kennen und zu beachten. Ich habe hier schon rührende Szenen erlebt, als ich Gelegenheit hatte, langjährig vertraute Teammitglieder über ihr jeweiliges Naturell und die absehbaren Interaktionsmuster aufklären zu dürfen, ebenso wenn in Familien nach einer Naturellanalyse klar wird, wer hier wie mit wem (vom Naturell her) kann oder eher nicht so gut kann.

Unterschiedliche Gewichtungen beachten
Wie bereits weiter vorne mit den 'Gebrauchsanweisungen' und im Abschnitt über die Interaktionen angesprochen, fängt jede Veränderung damit an, dass wir den unterschiedlichen Naturellen bei unseren Mitmenschen (oder den Tieren, die mit uns leben) überhaupt Beachtung schenken. Stellen wir uns einmal die folgenden beiden Gruppen vor – eine Großfamilie und ein kleines Team in einem Unternehmen:

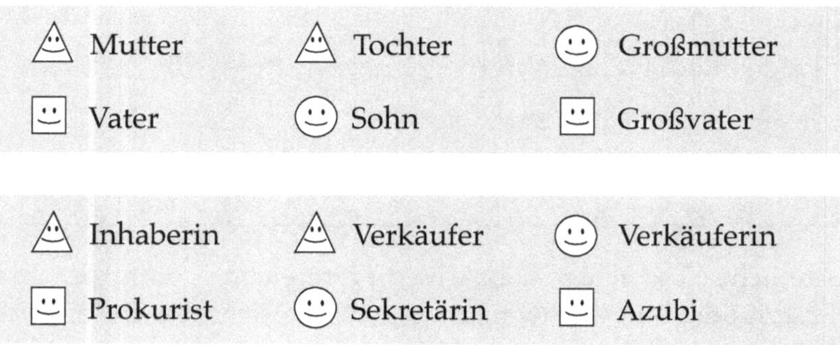

Hier haben wir zwei Gruppen mit gleich vielen Mitgliedern aller drei Naturellgruppen vor uns. Zwar wird jeweils der Handlungstyp (Mutter, Inhaberin) den Ton angeben, aber die Sachtypen bzw. Beziehungstypen dürften insgesamt mäßigend wirken und eine einseitig „rot" geprägte Kultur verhindern. Klar ist auch, dass Gruppenmitglieder gleicher Bevorzugung eine höhere Affinität füreinander entwickeln und vielleicht auch mehr Kontakt zueinander pflegen werden. Ebenso ist eine gewisse „Konkurrenz" zwischen „Gleichfarbigen" vorhersehbar.

Ganz anders in der folgenden Gruppe, wo klar die Mehrheit einer Naturellgruppe (hier der „Blauen") zu erkennen ist, was entsprechende Konsequenzen in der Gruppenkultur zeigt, z.B. einen anderen Umgang mit der Zeiteinteilung oder eine höhere Berücksichtigung von ökonomischen Faktoren. Zu kurz kommen dürfte hingegen alles, was in der Domäne der „Roten" liegt, die in dieser Gruppe völlig fehlen (z.B. Ziel- und Ergebnisorientierung, Durchsetzungskraft, praktische Aspekte, Risiko- und „Kampfeswillen").

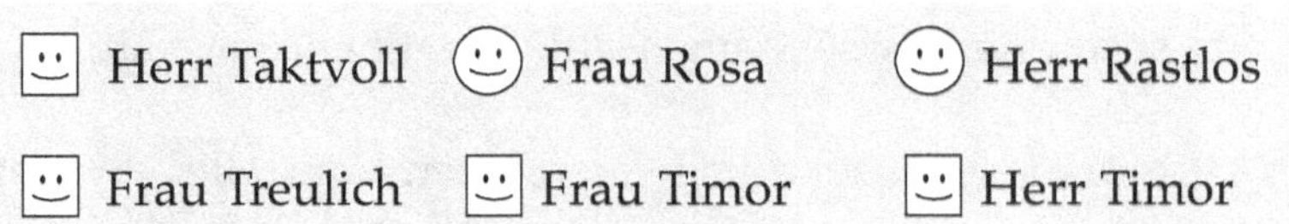

Und um noch ein wohl eher seltenes, aber dafür umso mehr lehrreiches Extrem einer Gruppenzusammenstellung zu zeigen, hier das Naturellbild für einen Bautrupp der Firma Aktiva & Co.:

In dieser Runde geht es gewohnheitsmäßig laut und deutlich zu, jedoch herrscht eine klare Rangordnung und jeder weiß, wer wem etwas vorschreiben darf oder wer jeweils das Sagen auf einer Baustelle hat. Gleichzeitig sind die Arbeiter untereinander fast beliebig austauschbar in ihren Aufgaben, da sie ähnliche Ausbildungen, Kenntnisse und Fertigkeiten aufweisen. In den Pausen geht es eher harmonisch zu, es werden derbe Späße gemacht und nach Feierabend sieht man alle häufig Karten spielend beieinander sitzen und ein Glas Bier trinken. Privat sind sie nicht viel in Kontakt, helfen sich aber am Wochenende gegenseitig aus, z.B. bei Renovierungsarbeiten oder bei privaten Nebenjobs.

Die gleichmäßig besetzte Gruppe

In Gruppen mit Mitgliedern aller Naturellgruppen beobachten wir zwar eine gewisse Ausgewogenheit hinsichtlich der vorhandenen Fähigkeiten und Kompetenzen, jedoch auch mehr Unstim-

migkeiten, Unzufriedenheiten und höheren Kommunikations-
bedarf. Immer wieder müssen etwa diejenigen Mitglieder, deren
Bedürfnisse nicht automatisch erfüllt sind, sich äußern und
durchsetzen. Da solche Prozesse meist nicht bewusst und absichtlich geschehen, wird unnötig viel Energie verbraucht, was von
der eigentlichen Arbeit ablenkt. Wissen die Gruppenmitglieder
jedoch um ihre gegenseitige Naturellverschiedenheit und achten gemeinsam darauf, dass jeder zu „seinem Recht" kommt,
bleibt der Aufwand begrenzt und vor allem wird kein unnöti-
ger Stress auf der zwischenmenschlichen Ebene erzeugt.

Der Vorteil einer sich der unterschiedlichen Naturelle bewussten
Gruppe ist dabei, dass die vorhandenen Begabungen, die aus der
Verschiedenheit resultieren, bewusst genutzt werden können,
z.B. bei der Aufgabenverteilung. Ein praktisches Beispiel erzählte mir eine Kursteilnehmerin, die in einer Bankfiliale arbeitet:
Dort konnte sie während einer größeren Verkaufsaktion die Verteilung der Aufgaben dahingehend beeinflussen, dass die jeweiligen Bevorzugungen der Mitarbeiter berücksichtigt wurden: Die
„Blauen" bereiteten für jede Kundengruppe individuelle Anlage-
strategien vor, die „Gelben" nahmen Kontakt zu den Kunden auf,
stellten kurz das Aktionspaket vor und die „Roten" führten
schließlich die Beratungsgespräche und machten die Verträge.
Jeder konnte das tun, was ihm von Natur aus leicht fiel und
das Ergebnis war außergewöhnlich positiv, sowohl was den
Spaß betraf, den alle hatten, als auch vom messbaren Ergebnis
an Vertragsabschlüssen und Neuanlagen. Die 'Hürde' für solche
Vorgehensweisen ist einfach, dass die verantwortlichen Mitarbeiter bzw. Vorgesetzten um die Naturellunterschiede in ihrem
Team wissen müssen.

Gruppen mit nur zwei Naturellen
Im Gegensatz zu den ausgewogenen Gruppen fehlt es den auf
zwei Naturelltypen beschränkten häufig an genau denjenigen
Kompetenzen, die durch die fehlende Gruppe eingebracht würde. Während das in einer Familie in der Regel nicht problema-
tisch ist, da die Mitglieder reichlich Kontakte nach außen pfle-

112

gen oder Freunde die Familie bereichern, kann es gerade in
kleinen Unternehmungen zu echten Lücken kommen, wie die
folgenden Beispiele illustrieren:

Die Filiale eines dienstleistungsorientierten Unternehmens be-
schäftigte ausschließlich Handlungs- und Sachtypen. Bezeich-
nend für das Klima in dieser Filiale waren relativ viele Rechts-
streitigkeiten und teilweise sehr erbitterter Schrift- und Telefon-
verkehr mit Kunden. Jeder Mitarbeiter war zudem stark auf seine
eigenen Aufgaben konzentriert und niemand im Team achtete
mehr auf Verknüpfungen zwischen den einzelnen Abteilungen
oder pflegte soziale Kontakte. Kunden hatten häufig den Eindruck, nicht willkommen zu sein und Reklamationen wurden
selten einvernehmlich beigelegt, was mit der Zeit zu einem
schlechten Image und Umsatzverlusten führte. Nachdem aus
der Firmenzentrale zwei Beziehungstyp-Mitarbeiter in die Filiale
entsandt wurden, um die Krise zu lösen, änderte sich relativ
rasch das Bild: Der Umgangston wurde freundlicher, es entstand
auch für die Kunden wieder der Eindruck eines harmonischen
Teams und die beiden 'Neuen' waren zudem flexibel genug, anderen Arbeit abzunehmen oder in Urlaubszeiten auszuhelfen.
Viele Arbeitsabläufe wurden mehr miteinander verbunden und
Schwachstellen optimiert. Die Reklamationszahlen gingen ebenfalls zurück, weil vieles ohne großes Aufheben direkt mit den
Kunden geregelt wurde, ohne dass ein offizieller Vorgang daraus wurde.

Im zweiten Fall, der nicht positiv, sondern mit einer Insolvenz
endete, versuchten zwei Freunde, ein „Gelber" und ein „Roter",
ihr eigenes Unternehmen zu gründen. Sie wollten ein im Ausland bereits funktionierendes Geschäftsmodell kopieren und
unterschätzten die Komplexität der dafür notwendigen Vorberei-
tungen. Während der Beziehungstyp sich seiner Meinung nach
innerhalb kürzester Zeit ausreichend gut in eine ziemlich heikle
Materie eingearbeitet hatte, entwickelte der Handlungstyp eine
für mehrere Jahre dimensionierte Strategie, wie der Markt zu
erobern wäre. Rechtlich war alles bestens geplant und abgesi-

chert, auch wurden alle erreichbaren sozialen Netzwerke aktiviert und ein Gefühl der Unschlagbarkeit verbreitet, da man ja als Team bestens aufeinander eingestimmt und sich im Ziel völlig einig war. Die Werbemaßnahmen wurden großzügig ausgelegt, alles war vom Feinsten, es wurde viel Geld in einen professionellen Internetauftritt investiert und der erste Messestand war eben so groß wie der einer seit Jahren etablierten Konkurrenzfirma. Zudem wurden in Erwartung des bald einsetzenden Runs auf die exklusiven Dienstleistungen Mitarbeiter eingestellt, die zwar den Messestand attraktiver machten, aber die entscheidende Lücke nicht füllen konnten: Kaum jemand kannte das ziemlich erklärungsbedürftige Produkt und die Inhaber wussten selbst nicht so genau, wofür es aus Sicht eines Kunden eigentlich gut war. Das war ihnen bei ihrem Kurzaufenthalt im Ausland offenbar entgangen und eine Marktanalyse oder einen über Jahre langsam aufgebauten Kunden- und Referenzstamm, wie ihn die dortigen Vermarkter hatten, hielt man nicht für notwendig. Wäre ein Sachtyp mit im Team gewesen (wie anfangs geplant), hätte dieser vermutlich genauer analysiert, wie viel Aufwand, Zeit und Ausdauer nötig gewesen wäre und mit wie viel Geduld man sich diesem Thema hätte nähern sollen. Auch hätte der „Blaue" sicher genauer hingesehen, wie viel Erfolge welcher Art die Vorbilder vorzuweisen hatten und auch, wie diese genau erzielt wurden.

Gruppen mit nur einem Naturell

Ab und zu begegnet man Teams (z.B. Geschäftsleitungen), bei denen nur (noch) ein Naturell vertreten ist. Hier herrscht auf den ersten Blick große Harmonie, auf den zweiten jedoch meist starke Konkurrenz, da man sich ja bevorzugt mit den gleichen Themen befasst und die gleichen meidet. Oft wird dann (unbewusst) die besonders fehlende „Farbe" mit deren Kompetenzen von Außen eingekauft, z.B. in Form von Unternehmensberatern, Werbeagenturen oder externen Firmen. Dies kann ausgleichend wirken, jedoch nur dann, wenn dabei auch tatsächlich andere Naturellblickwinkel eingebracht werden. Die folgende Tabelle fasst die Schwachstellen beim Fehlen einer Farbe zusammen:

114

Tabelle: Schwachstellen in Teams beim Fehlen von ...

Gelben	Blauen	Roten
Zusammenhänge herstellen	ökonomische Grundlagen beachten	Zielsetzungen klären und durchsetzen
zwischenmenschliche Beziehungen, emotionale Faktoren	Zeit- und Geldbedarf; Sinnhaftigkeit, Geduld, genaue Kalkulation	Kraftaufwand, Ergebnisorientierung, Einsatzfreude
Gutes, Positives, Schönes	Verstand, Logik, Fachwissen	praktische Umsetzbarkeit, Nutzen
Kundeninteressen	Finanzinteressen	Qualitätssicherung
Spaßfaktor	Tiefgang	Außenwirkung
Innovationen	Forschung	Sicherheit (Patente)
'verrückte Ideen'	Geist, Sprache, Werte	Verlässlichkeit, Ehre
Träume, Fantasien	Vorsicht, Selbstkritik	Diplomatie, Moral
private Interessen der Mitarbeiter	sachliche, thematische Vorgaben; Konkurrenz	Interesse der 'Firma an sich'; Tradition
Lockerheit, gute Stimmung im Team	Ruhe, Gelassenheit, Konstanz	Ansporn zu Höchstleistungen
Freundlichkeit	Wahrheitsliebe	Erfolgswillen

Diese potentiellen Lücken können selbstverständlich auch ohne Mitarbeiter mit dem jeweiligen Naturell ausgeglichen werden, jedoch vermutlich nicht so natürlich, sondern eher mittels einer bewussten Anstrengung. Daher ist es sinnvoll zu wissen, wo genau die Lücken zu suchen sind.

In Familien treten solche bereichsspezifischen Lücken eher dann auf, wenn ein sehr bestimmendes Familienoberhaupt die Regeln, die Kultur und den Geist prägt. Je mehr gemeinsam beraten und je konsensorientierter entschieden wird, desto größer die Chancen, sowohl Bedürfnisse als auch Kompetenzen aller drei Naturellgruppen ausreichend zu würdigen. Riskant in diesem Sinne sind also sowohl sehr 'diktatorische', als auch völlig demokratische Entscheidungsvorgänge – nämlich dann, wenn eine der drei Gruppen (oder zwei davon) die Mehrheit hat und bereits eine einfache Mehrheit genügt, eine zu schwache Gruppe zu überstimmen. Vielleicht ist die Vorgabe in vielen demokratischen Systemen, dass wichtige Entscheidungen mit einer *Zweidrittelmehrheit* gefällt werden müssen, dieser Gefahr geschuldet.

Verschiedene Chefs und die Auswirkungen
Bekanntermaßen führt nicht jeder Chef sein Team oder Unternehmen identisch. Je nach Naturell wird er seine eigenen Maßstäbe und Sichtweisen als besonders relevant ansehen und dementsprechend auf die Mitarbeiter einwirken. Ebenso werden die Schwachstellen seiner Gruppe potentiell zu den Schwachstellen des ganzen Teams – besonders dann, wenn auch die nächste Ebene unter ihm noch zu dieser Gruppe gehört und die einseitige Neigung verstärkt. So saßen in einer großen Dienstleistungsfirma im sozialen Bereich an oberster und zweitoberster Position zwei *Handlungstypen*. Zudem waren ein wichtiger Abteilungsleiter und eine Schlüsselperson Handlungstypen. Insofern war es nicht weiter verwunderlich, dass ein externer Berater vor allem Klagen über mangelnde Kommunikation und rigide durchgesetzte Vorschriften hörte, die Stimmung extrem im Keller und die Fluktuationsrate entsprechend hoch war. Offenbar hielten es auf Dauer dort nur „rote" Mitarbeiter aus, für die solche Umgangsformen zwar nicht angenehm, aber quasi üblich waren. Sie hatten am wenigsten Probleme damit, einfach zu 'gehorchen' oder zu 'funktionieren' und ihrer Rolle gerecht zu werden. Nur

116

wurde so immer mehr ein fruchtbarer Streit und Widerspruch ausgeschaltet, gerade wenn es um Kundenbeziehungen oder das soziale Miteinander ging. Aber da die „Roten" an der Spitze des Unternehmens in dieser Richtung nicht besonders sensibel schienen und die Zahlen, die den Gesellschaftern vorgelegt werden konnten, im grünen Bereich blieben, war der Veränderungswille bei den Entscheidungsträgern eher gering, zumal ein Zusammenhang zwischen der Leitungskultur und Missständen ebensowenig gesehen wurde wie zum hohen Krankenstand. Also wurden weiter Teams willkürlich auseinandergerissen, auch wenn diese sich über die Jahre aufeinander eingespielt hatten. Oder man gab Anweisungen von oben nach unten durch, obwohl diese geltenden gesetzlichen Vorschriften widersprachen, aber mehr Gewinn einbrachten. Und aus der Riege der externen Berater und Weiterbildner wurden nur diejenigen weiter engagiert, die solche Phänomene ignorierten oder gar gut hießen, da sie den 'höheren Zielen' (also dem wirtschaftlichen Erfolg) dienten. Ähnliche Beobachtungen kann man durchaus auch in Regierungs- oder Fußballmannschaften machen; nur dass dort schneller entweder der Wähler oder die gegnerischen Mannschaften eingreifen und den Ausgleich solcher Einseitigkeiten fördern.

Sachtypen in Leitungspositionen tun sich eher schwer, Verantwortung für ein Team zu übernehmen und es offensiv zu führen. Tun sie es aber doch (wie die deutschen Bundeskanzler Kohl und Merkel), können sie sich bei vorhandener Fachkompetenz und hoher sozialer Intelligenz durchaus als 'indirekt Führende' etablieren und auch lange Jahre halten. Dadurch dass sie nicht (wie die Handlungstypen) allzu viele Vorgaben machen und die Prozesse auch einmal 'laufen lassen', können sich Menschen aller Bevorzugungen, die für sie arbeiten, die Freiräume gestalten und darin agieren. Nur wird es für Mitarbeiter schwierig, unter dieser Art von Führung zu bestehen, die es gewohnt waren, ständig Verantwortung abgenommen zu bekommen oder von klaren Anweisungen lebten, die ihnen von 'oben' erteilt wurden. Stehen „Blaue" nicht an der Spitze der Hierarchie, sondern zwischen den Ebenen, und bekommen von oben Druck im Sinne handlungstypischer Zielvorgaben, geraten sie in Stress und verlieren dadurch ihre eigentliche Basis, von der aus sie im Normalfall mit Gelassenheit, Übersicht, Fachwissen und strategischem Geschick den Erfolg generieren. Ebenso können „Rote", die aus der 'zweiten Reihe' agieren und den Chefsessel des „Blauen" im Auge haben, ihm anhaltend das Leben schwer machen und mit der Zeit den Spaß an dieser Aufgabe vermiesen – vor allem, wenn er sich so immer wieder mit Kritik und hohem Erfolgsdruck konfrontiert sieht. Sobald dann eine spannende oder finanziell attraktive Alternative in Aussicht steht, kann ein scheinbar überraschender Wechsel erfolgen.

Beziehungstypen in Leitungspositionen neigen dazu, neben ihrer hohen Sozial- und Kommunikationskompetenz auch reichlich von ihrem Privatleben und ihren Vorlieben ins Amt oder die Aufgabe einzubringen (z.B. enge Freunde mit auf Auslandsreisen zu nehmen, die von der Dienststelle bezahlt werden). Dies kann so lange positiv sein, wie es im Rahmen bleibt und nicht andere Mitarbeiter dazu ermuntert, es ihnen in großem Stil nachzumachen. So griff der „gelbe" Teamleiter eines Dienstleisters immer wieder auf persönliche Kontakte zurück, um seine Mitarbeiter preiswert schulen zu lassen. Auch vergab er Aufträge lieber an persönlich Bekannte als an den preiswertesten Anbieter, da ihm Vertrauen und der kurze Dienstweg wichtiger waren als ein paar Prozent Ersparnis. Nur hatte er mit der Zeit ein Problem damit, diese Vorgehensweisen den Geschäftsführern zu erklären, zumal diese selbst keine „Gelben" waren.

Führungskräfte, die um ihr eigenes Naturell und das ihrer direkten Mitarbeiter wissen, sind hier also klar im Vorteil: Sie können frühzeitig ausgleichend gegensteuern (sowohl in ihrer eigenen Persönlichkeitsentwicklung als auch bei der Einstellung von Mitarbeitern) und so aus der individuellen Schwachstelle keine organisatorische werden lassen, die letztlich mit über Erfolg oder Misserfolg eines Unternehmens mit entscheiden kann. Nach meiner Beobachtung sind aber nur wenige Entscheidungsträger bereit, sich auf eine so nahegehende Analyse einzulassen.

9. Wirkungen, Nebenwirkungen und Humor

Jede Sichtweise, sei sie nun auf die Welt insgesamt (z.B. eine Ideologie) oder auf den Menschen im Speziellen (wie beim Blick auf das Naturell) gerichtet, zeigt eine Reihe von Wirkungen; im Folgenden möchte ich einige Beobachtungen dazu beschreiben:

Zuwachs an praktischer Selbsterkenntnis
Mit jedem Bereich, in dem man die eigene Gewichtung herausfindet, wächst die Erkenntnis über die individuelle (unbewusste) innere Struktur. Immer häufiger wird man sich dabei ertappen, dass man sich gemäß dieser Struktur verhält, ohne sich bewusst dafür entschieden zu haben.

Beispiel: Als „Gelbem" könnte einem der eigene Hang zum Ja-Sagen auffallen. Gleichzeitig wird jedoch die Alternative dazu, das 'Vielleicht', immer öfters zum Einsatz kommen, da man ja merkt, wie gut es tut, sich etwas Zeit auszubitten, bevor man eine Entscheidung trifft.

Ein anderes Lebensgefühl
Für viele, die über ein Seminar oder Buch etwas über die Hintergründe des eigenen Naturells erfahren und sich einer Naturellgruppe zuordnen können, führt dies sofort oder im Laufe der Zeit zu einem veränderten Lebensgefühl. Die Zugehörigkeit zu einer Gruppe ähnlich 'gestrickter' Menschen wird als Bestätigung des eigenen Erlebens und auch als beruhigend erlebt. Das Gefühl, 'okay' zu sein, auch wenn man anders als z.B. die eigenen Geschwister ist, stärkt das Selbstbewusstsein und oft auch das Selbstwertgefühl. Auch dort, wo man von seinen Freunden, wohlmeinenden Autoren oder den eigenen Eltern die Botschaft mit auf den Weg bekam, sich doch möglichst in dieser oder jener Richtung zu ändern, führt das Wissen darum, dass die naturellbedingte Stärken-Struktur angeboren ist, zu mehr Sicherheit und Ruhe. Nicht mehr *ein Ideal für alle* ist nun das Vorbild, sondern was man anhand des Modells als Start und

Richtung der eigenen Entwicklung erkennt und so bewusst und je nach Wunsch verstärken kann.

Beispiel: Eine Teilnehmerin eines Seminars meinte, sie würde ab sofort sich und ihre Familie mit völlig anderen Augen sehen; und eine andere verabschiedete sich mit den Worten: „Hier habe ich gelernt, dass ich normal bin und so sein darf, wie ich mich fühle – und dass ich nicht die Erwartungen anderer erfüllen muss."

Elementare Veränderung des Umgangs mit anderen
Eine der interessantesten Auswirkungen, wenn man anfängt diese grundlegenden Verschiedenheiten zu respektieren, ist, dass man sein Verhalten gegenüber Menschen mit anderen Bevorzugungen elementar ändert. Wo bisher als Grundsatz galt, den anderen so zu behandeln, wie man selbst gerne behandelt würde, heißt es nun: Behandle den anderen so, wie *er selbst* behandelt werden möchte – was oft nicht einfach ist.

Beispiel: Ganz typisch für meine eigene Bevorzugung als 'Denker' (red. Anmerkung: über die Untergruppen *Fühler, Denker und Macher* geht es in Band 2) freut es mich, wenn ich beim Sprechen nicht ständig unterbrochen werde. Als mir aber klar wurde, dass dies bei den 'Machern' anders ist und diese Menschen unter Umständen, wenn man sie nicht unterbricht, „ewig" weiter sprechen und gleichzeitig neuen Input mögen, habe ich mir angewöhnt, entgegen der allgemeinen Regel bei längeren „Vorträgen" von Macher-Freunden oder -Geschäftspartnern diese hin und wieder durch einen Einwurf zu unterbrechen. Dabei fiel mir auf, dass ihnen dies zu gefallen schien (wie von der Theorie vorhergesagt) und sie sogar plötzlich minutenlang still und neugierig meinen Ausführungen lauschten. Für mich und meine Bevorzugung (des Denkens) ist so auch eine längere Stille in einem Gespräch völlig normal, wohingegen die Macher diese lieber gefüllt sehen und zur Not eben selbst etwas erzählen. Oder ich verstehe, seit ich von diesen Phänomenen weiß, dass Fühler-Menschen nach einer gewissen Menge an Input einfach eine Pause brauchen, ihn zu verarbeiten. Früher bin ich automa-

tisch davon ausgegangen, dass jeder Mensch eine ebenso große
Menge an Eindrücken speichern und verarbeiten kann wie ich
als Denker-Mensch.

Öfters verständnisvoll lächeln können.
Anstatt über das Verhalten anderer verständnislos den Kopf zu
schütteln, mich zu wundern oder gar jemand völlig misszuver-
stehen, weil ich ihm eigene Motivmuster unterstelle und seine
nicht kenne, fiel mir sehr bald, nachdem ich die Naturellunterschiede verinnerlicht hatte, eine Veränderung auf: Ich schmun-
zelte ständig, wenn mir etwas Naturelltypisches an jemand
auffiel. Es war (und ist bis heute) so etwas wie die Freude des
Entdeckers, der plötzlich ein Mikroskop oder ein Fernrohr zur
Verfügung hat und damit eine völlig neue Welt entdeckt. In
meinem Fall die Welten derjenigen Menschen, von denen ich
bisher dachte, sie würden die Welt im Wesentlichen genau so
wahrnehmen wie ich selbst – und von denen mir nun ansatz-
weise bewusst wurde, durch welche Augen sie die Welt sehen.
Im Grunde ein echtes Wunder.

Beispiel: Als ich noch an einer Fachschule für Grafikdesigner
Kalligrafie unterrichtete, kam wieder einmal eine Schülerin, die
ich als Sachtyp eingeordnet hatte, deutlich zu spät. Beim (hektischen) Hereinstürzen kommentierte sie: „Mein Freund hat
heute Morgen den Rolladen nicht hochgezogen, deshalb wurde
ich nicht rechtzeitig wach …". Ich entgegnete ihr augenzwin-
kernd: „Ich weiß, du bist wieder einmal das Opfer der anderen
geworden – du Arme!". Da grinste die Langschläferin und meinte
schuldbewusst: „Okay, ich weiß, dass ich selbst dafür verantwortlich bin – ich könnte mir ja einen eigenen Wecker stellen."
Offensichtlich hatte sie mich verstanden; und das, obwohl ich
nicht in „ihrer blauen Welt" lebte, sondern nur nachvollziehen
konnte, wie es darin aussah.

Erweiterte Toleranz
Das Wissen um die Andersartigkeit eines Gegenübers macht
allein noch keinen Unterschied. Erst durch den Glauben an die

Gleichwertigkeit und durch den Respekt voreinander wird sich das Wissen um die Naturellunterschiede in erweiterter Toleranz auswirken können. Sehen wir in einem anderen einen besonders reifen oder weisen Menschen, werden wir ihm damit ebenso wenig gerecht, wie wenn wir nur seine Schwachstellen beachten. Jeder Mensch, egal wie jung oder alt, wie 'reif' oder unerfahren, steht Zeit seines Lebens in einem Lernprozess. Keiner ist je 'fertig' und hat alle Potentiale, die er in sich trägt, vollständig erschlossen. Jedoch kann es durchaus sein, dass ein bestimmter Mensch jene Erfahrungen, bei denen wir noch am Anfang stehen, bereits weitgehend zu Ende gebracht hat und uns so als weit fortgeschritten erscheint (in Relation zu unserem Entwicklungsstand). Oder er fängt gerade erst an etwas zu lernen, das wir schon vor Jahren 'abgehakt' haben. Diese Unterschiede hängen häufig mit den Naturellunterschieden zusammen. Wissen wir dies, werden wir fast automatisch toleranter oder 'gnädiger'.

Beispiel: Einer von zwei Kollegen ist Beziehungstyp, der andere Handlungstyp. Immer wieder gibt es Missverständnisse und Auseinandersetzungen, die der „Rote" direkt zu genießen scheint, weil sie ihm sichere Gelegenheiten zur Beziehungspflege bieten, in denen er ganz nach Bedarf Nähe oder Abstand steuern kann. Der „Gelbe" weiß um dieses Phänomen und spricht immer wieder sehr früh und direkt Streitpunkte an, bevor sie eskalieren. Dadurch wird die Zusammenarbeit wesentlich entlastet, da die Reibungspunkte einen festen Raum bekommen. Toleranz bedeutet hier, ein grundlegendes Bedürfnis des Handlungstyps (Auseinandersetzung und daraus entstehende Harmonie) zu bedienen, auch wenn es für den Beziehungstyp nicht dieselbe Wichtigkeit hat und er anders mit solchen Situationen umgehen bzw. sie am liebsten ganz vermeiden würde.

Veränderung der Zuschreibung

Die Kenntnis und korrekte Zuordnung von Verschiedenheiten, die durch das Naturell bedingt sind, lässt nach und nach andere mögliche Ursachen in den Hintergrund treten bzw. obsolet erscheinen. Ohne das Wissen um den Faktor „Naturell" suchen wir automatisch trotzdem nach Erklärungsmuster für die offensichtlichen Unterschiede zwischen Menschen mit verschiedenem Naturell und meinen dann, es handele sich um den Unterschied zwischen Männern und Frauen, Altersgruppen oder zwischen verschiedenen Kulturen. So wird beispielsweise die Eigenschaft 'soziale Kompetenz' häufig generell eher Frauen zugeschrieben und die Fähigkeit, sich auf ein Thema zu konzentrieren, den Männern. Aus der Sichtweise unterschiedlicher Naturelle scheint es jedoch passender, 'soziale Kompetenz' im Sinne einer angeborenen Stärke den Beziehungstypen und die Konzentrationsfähigkeit den Sachtypen zuzuordnen – unabhängig von deren Geschlecht. Es wäre also oft sinnvoller, von *drei Arten Männer* und *drei Arten Frauen* zu sprechen als nur von *den* Männern und *den* Frauen.

Beispiel: Eine Handlungstyp-Frau wirft ihrem Sachtyp-Partner regelmäßig vor, er sei gar kein 'richtiger Mann'. Denn stets, wenn es um handwerkliche Arbeiten am Haus geht, muss sie die Sache in die Hand nehmen, damit sie so erledigt wird (perfekt, umgehend), wie sie es erwartet. Als Vorbild hält sie ihm dann den Handlungstyp-Nachbarn vor, der ihre Arbeit entsprechend lobt und meint, sie könne es mit jedem Mann aufnehmen. Als beide erkennen, woher diese Unterschiede zwischen ihnen resultieren, sieht sie zum ersten Mal seine angeborenen Stärken als solche und beginnt, sie als Teil des 'individuellen Gesamtpakets' zu schätzen. Nun kann sie seine Schwachstellen nicht nur aushalten, sondern wirklich nachvollziehen und sich heimlich darüber freuen, dass er z.B. ihr soviel Freiraum lässt, ihre Lust an handwerklichen Arbeiten auszuleben.

Gegenseitiger Respekt stärkt Freundschaften
Viele Freundschaften entzweien sich durch Missverständnisse, beispielsweise über grundlegend unterschiedliche Einschätzungen gemeinsamer Erlebnisse oder von Ereignissen im Leben des Freundes. Hier verhilft das Wissen um die 'Welt des anderen' mit seiner ihm eigenen Bevorzugung und Gewichtung der Lebenserfahrungen entweder, ihn zu respektieren oder 'so sein

zu lassen', wie er nun einmal augenscheinlich ist, auch wenn ich das vielleicht weder verstehen noch nachvollziehen kann.

Beispiel: Zwei Freunde, beides junge Männer um die 20. Der eine ist vom Naturell her Handlungstyp, der andere Beziehungstyp. Der erste sieht sein Leben vor allem als Wechsel zwischen Arbeits- und Freizeit, der andere hingegen wird demnächst seine Freundin heiraten und ist dementsprechend emotional von diesem wichtigen Schritt vereinnahmt. Beide wissen darum, was sie unterscheidet und können so einander wohlwollend die jeweiligen Erfahrungen gönnen. Der „Rote" weiß, dass für ihn Beziehungen zur Zeit nicht den gleichen Stellenwert haben wie für seinen Freund. Er möchte zuerst einen gewissen Status erreichen, vielleicht sogar ein eigenes Haus kaufen und dann an die Familiengründung denken. Enge Beziehungen pflegt er eher mit seinen Freunden und die jungen Frauen seines Alters nerven ihn mehr als sie ihn anziehen. Die wenigen angenehmen Ausnahmen sind für ihn eher 'Kumpels' als ernsthafte Kandidatinnen. Der „Gelbe" weiß in dieser Angelegenheit um seinen 'Vorsprung' in diesem Lebensbereich. Für ihn waren Liebesbeziehungen schon immer ein wichtiger Teil seines Lebens und mit seiner Heirat möchte er hier konstanter werden, um sich dann mehr auf seine Weiterbildung konzentrieren zu können. Für ihn ist die Heirat in gewissem Sinn ein Schlusspunkt, während sie für seinen Handlungstyp-Freund der Beginn eines mühsamen Prozesses sein wird, sich emotional auf eine Partnerin (und später auf seine Kinder) einzulassen und nicht nur rein äußerlich zusammen zu leben.

Veränderter Umgang mit Kindern
Alles, was hier über Naturellunterschiede gesagt wird, lässt sich auch auf Kinder übertragen. Diese entstehen ja ziemlich sicher nicht während der frühen Kindheit oder Jugend, sondern noch bevor die werdende Mutter etwas von ihrem Zustand weiß. Daher erscheint es folgerichtig und sinnvoll, die Konsequenzen daraus auch für Kinder ernst zu nehmen, sobald man deren Naturell erkannt hat. Auch die Ermutigung dazu,

die strukturell vernachlässigten Stärken zu nutzen, könnte die normalen Erziehungsbemühungen gut ergänzen – also sowohl die Stärken anerkennen, die sich bei jedem Naturell zeigen und gleichzeitig darauf achten, jedem Kind ausreichend Gelegenheit zu bieten, seine 'vernachlässigten Stärken' ins Spiel zu bringen, idealerweise, wenn es selbst sich in diese Richtung bewegt. Infolgedessen beobachten Eltern, die um das Naturell wissen, ihre Kinder noch einmal viel genauer und verstehen sie so auch besser in ihrer Eigenart, die ja auch vom Naturell beeinflusst wird.

Beispiel: Eine Mutter wunderte sich immer wieder, wie sehr sich ihre drei Kinder voneinander unterscheiden. Die Eigenschaften des Jungen ließen sich zwar auf die Ähnlichkeit mit seinem Vater zurückführen und die kleinere Tochter hatte offenbar viel von ihrer Mutter geerbt – aber die größere Tochter war wie 'von einem anderen Stern'. Auch Opas und Omas kamen als Ursache nicht in Frage, so dass das Rätsel ungelöst blieb und die Mutter sich Gedanken gemacht hätte, wüsste sie nicht sicher, dass der Vater auch wirklich der Vater und durch die Hausgeburt eine Verwechslung in der Klinik ausgeschlossen war. Diese Tochter verstand sich zudem weder mit den Geschwistern besonders gut noch mit einem der Eltern. Dagegen hatte sie eine 'beste Freundin', mit der sie seit der Kindergartenzeit fast unzertrennlich war.

Aufklärung brachte erst die Erkenntnis über die unterschiedlichen Naturellmuster: Der Vater, beide Großväter und der Sohn zeigten sich als „Rote" die Mutter, beide Großmütter und die kleine Tochter als „Gelbe". Die größere Tochter schien also als einzige zur Gruppe der „Blauen" zu gehören, ebenso deren Freundin. Plötzlich erkannten die Eltern weitere Sachtypen im Bekanntenkreis, zu denen ihre 'ungewöhnliche Tochter' immer wieder gezielt den Kontakt gesucht und gehalten hatte. Wo es bis dato eher hieß "sie schlägt etwas aus der Art", konnten nun viele ihrer Besonderheiten als natürliche Anlage verstanden und sehr leicht akzeptiert werden. Die 'Exotin' selbst wollte übrigens nicht

„Sachtyp", sondern „Sachtüte" genannt werden, was ihren naturellbedingten Wunsch nach größtmöglicher Individualität deutlich zeigte und so die Typvermutung unterstrich.

Angepasste Lösungsmuster
Durch das Wissen um die unterschiedlichen Muster können auch Geschichten über gelungene Problemlösungen mit einem entsprechenden 'Etikett' versehen und in die passende Schublade eingeordnet werden. Der Erfahrungsschatz, z.B. eines Beratungslehrers oder Seelsorgers, wird so neu sortiert und auch sicherer verfügbar. Denn darin heißt es nun nicht mehr „Erfolgsgeschichte von Frau A." sondern „Erfolgsgeschichte eines Sachtyp-Menschen" und kann so für andere Hilfesuchende als Mustervorlage verwendet werden. Ratschläge und Tipps werden so wieder sinnvoll und passgenau. Da ich selbst schon seit 1996 Beratungen durchführe, kann ich diesen Effekt als eine der wertvollsten Folgen des 123-Modells bestätigen und es allen Beratern empfehlen. Des Öfteren höre ich von Klienten, dass sie sich besonders gut verstanden fühlen und die Tipps ausgesprochen passend wären. Mein „Geheimnis" ist aber schlicht, dass ich wie oben beschrieben die gelingenden Muster aus einem Gespräch oder aus einer Problemlösung, die ich mit einer Naturellgruppe gemacht habe, auf alle anderen dieser Gruppe übertrage und immer weiter optimiere. Früher wäre ich eher nach meiner Intuition, einem Standardablauf für Beratung oder meinen eigenen Erfahrungen gegangen, die natürlich nur für sehr wenige andere Menschen passend sind.

Wertschätzung
Was im Grunde selbstverständlich sein sollte, nämlich die Wertschätzung des anderen, gelingt auf dem Hintergrund des Wissens um die Art der Verschiedenheit von Menschen offenbar deutlich leichter. Da mir ja bald bewusst wird, dass ich mit meinem speziellen Strukturmuster von den 81 möglichen (wenn man die Untergruppen hinzunimmt, um die es in Band 2 gehen wird) nur selten auf jemanden treffe, der mir tatsächlich gleicht, nehme ich von vorneherein eine offenere, aufmerksamere und neugierigere Haltung ein, wie wenn ich davon ausgehe, dass alle Menschen

(oder alle Männer bzw. Frauen) im Wesentlichen ähnlich gestrickt sind. So entdecke ich viel einfacher die fest angelegten Stärken, ebenso wie die seltener genutzten. Beides als das zu schätzen, was sie für diesen Menschen selbst – und eben nicht aus meiner eigenen Sicht – sind, macht für mich einen Großteil der Wertschätzung aus. Und in dem Moment, in dem ich etwas als natürlicherweise vorgegeben ansehe, entfällt auch der Gedanke, der andere sei vielleicht an dieser Stelle 'zurückgeblieben' oder würde aus welchen Gründen auch immer eine bestimmte Seite an sich übertreiben.

Beispiel: Eine Lehrerin hatte sich angewöhnt, in neuen Klassen zunächst auf jene Schüler zu achten, die ihr 'lagen' und bevorzugt mit ihnen den Unterricht zu gestalten. So fühlte sie sich auf der sicheren Seite und konnte dann nach und nach mit den anderen, aus ihrer Sicht schwierigeren, Kindern Kontakt aufnehmen. Sie wollte sich und der Klasse Stress ersparen und die 'andersartigen' mit der Zeit für ihren Stil gewinnen. Als sie in einer Fortbildung über die Naturellunterschiede hörte und sich selbst als „Rote" einordnete, änderte sie erst ihre Wahrnehmung und dann ihre Strategie. Zwar fielen ihr weiterhin die für sie 'angenehmen' (Handlungstyp-) Schüler auf und sie konnte sich in Stress-Situationen auf deren Mitarbeit verlassen – aber mehr und mehr gelang es ihr nun, die Schüler in ihrer naturellbedingten Verschiedenheit zu respektieren und die unterschiedlichen Stärken für die Unterrichtsgestaltung zu nutzen. Sie merkte bald, dass es so auch ihr selbst mehr Spaß machte und sie weniger Angst vor unberechenbaren Situationen hatte. Die Schüler registrierten ihrerseits, dass ihre Lehrerin häufiger locker und lustig war und auch Stärken wahrnahm, die ihr bisher offenbar entgangen waren. Selbst die 'Außenseiter' in der Klasse konnte sie nun durch wenige gezielte Sätze und Gesten zur Mitarbeit motivieren. Und auch im Umgang mit ihren Kollegen lernte sie, auch deren naturelltypischen Eigenheiten zu akzeptieren und nicht jedem ihren eigenen Weg verordnen zu wollen. Sie lernte jetzt etwa bewusst während Hospitationen in Klassen ihrer Beziehungstyp- und Sachtyp-Kollegen, wie diese mit den

Schülern umgingen und machte es mit gutem Erfolg einfach nach,
selbst wenn es ihr eher fremd vorkam, z.B. mit Beziehungstyp-
Schülern über sehr private Dinge zu sprechen oder Sachtyp-Schü-
lern die Gelegenheit zu geben, einen Teil des Unterrichts zu übernehmen, was teilweise zu erstaunlichen Ergebnissen führte und
ihre Wertschätzung dieser Gruppe deutlich erhöhte. Ihre Selbst-
einschätzung sank zwar in der Zeit nach der Weiterbildung,
da ihr ihre Lücken nun klarer vor Augen standen – gleichzeitig
konnte sie jedoch die naturellbedingten Einseitigkeiten besser
respektieren.

Weitere mögliche, erwünschte Auswirkungen
Neben den oben behandelten lassen sich weitere positive Auswirkungen beobachten, wenn Menschen auch auf dem Hintergrund ihres Naturells wahrgenommen werden:
- mehr Respekt vor den vorgegebenen Grenzen
- das Gefühl der Zugehörigkeit zu bestimmten Menschen
  bzw. Gruppen von Menschen wächst, was die eigene
  Identität und das Selbstwertgefühl stärkt
- die Fähigkeit, das Verhalten anderer im Voraus einzuschätzen, wächst
- eigene Schwachstellen werden genauer benannt und
  erkannt sowie Ausgleichsmöglichkeiten deutlicher
- die soziale Kompetenz wächst, der Umgang mit anderen
  wird differenzierter und bewusster
- viele Verhaltensweisen anderer können besser eingeordnet oder verstanden werden
- Alternativen zum eigenen gewohnten Verhalten werden
  verfügbar und können gezielt eingesetzt werden
- Fortschritte, die durch die Nutzung der bisher vernachlässigten Stärken entstehen, sind als solche deutlicher
- das Gespräch mit anderen, die ebenfalls um diese Unterschiede wissen, über Dritte wird effektiver, da die Muster
  an sich bekannt sind, wenn auch nicht der konkrete
  Mensch, über den man sich unterhält
- eigene, bereits vorhandene Kompetenzen oder Lebenserfahrungen können noch besser genutzt werden

Eher unangenehme Nebenwirkungen
Wie jede Denkweise oder jedes Modell gibt es auch hier Nebenwirkungen, die weniger erwünscht sind. So berichten viele von einer Art Schock durch die Erkenntnis, dass die eigenen Stärken oder die anderer (z.B. der eigenen Kinder) nicht durch eine besondere Leistung oder die gute Erziehung erworben wurden, sondern natürlich vorgegeben sind. Das gleiche gilt für Defizite, die man an sich oder an anderen wahrnimmt. Dass sie nicht einfach per Knopfdruck oder auf Befehl ausgeglichen werden können, sondern sozusagen die andere Seite der Medaille darstellen, ist für viele nur schwer zu verdauen.

Manche Leser oder Seminarteilnehmer mögen es nicht, dass durch dieses Modell ein Teil ihrer Geheimnisse enthüllt wird und sie von anderen durchschaut werden können, gerade was die eigenen Schwachstellen betrifft. Auch kann die Faszination, die dieses Thema immer wieder hervorruft, dazu verleiten, Menschen vor allem aus dieser Perspektive zu sehen und andere Aspekte, die mindestens genau so wichtig sind, auszublenden. Meist verliert sich dieser Effekt aber mit der Zeit, wenn es normal geworden ist, bei jemand auch das Naturell zu sehen.

Wechselwirkungen
Durch die Hinzunahme dieses Modells der Unterscheidung verändern sich auch andere Sichtweisen oder Modelle, die man bisher verwendet hat – nicht immer zum Vorteil derjenigen, mit denen man es zu tun hat. So konnte beispielsweise eine Handlungstyp-Ärztin, die seit Beginn ihrer Tätigkeit mit manchen Patienten große Probleme im Umgang hatte, nun erkennen, dass es sich fast ausnahmslos um Sachtyp-Patienten handelte. Gleichzeitig wurde ihr klar, dass sie sich als Kind und Jugendliche in ähnlicher Weise über ihren Sachtyp-Vater aufgeregt hatte. Sie könnte nun verleitet sein, automatisch bei allen „blauen" Patienten das Problem zu erwarten und es so selbst mit hervorrufen. Sie hatte sich auch schon überlegt, einen Vermerk in die Patientenakte einzutragen, ließ dann aber davon ab, um es nicht noch zu verstärken. Stattdessen versuchte sie, ihren alten Vater mit

anderen Augen zu sehen und seine naturelltypischen Stärken mehr zu würdigen, die sie bislang weitgehend übersehen hatte.

Ebenfalls eine *Wechselwirkung* wäre es, wenn jemand seine Aufmerksamkeit schon immer eher auf die Schwächen seiner Mitmenschen, ihre Defizite und Unvollkommenheiten gerichtet hätte und nun ein Werkzeug in die Hand bekommt, um das mit noch mehr Perfektion zu tun. Zum Glück wurde das aber bisher nur selten beobachtet.

Die Perspektive aller drei Naturellgruppen einnehmen
Eine sehr starke und je nach Situation positive, neutrale oder negative Wirkung zeigt sich auch darin, die Perspektiven der drei Naturellgruppen auf ein bestimmtes Thema erkennen, auseinanderzuhalten und bei Bedarf kombinieren zu können. Auf diese Weise lässt sich nämlich ein sehr viel genaueres Bild der Lage erkennen, als wenn man nur seine eigene oder die eines einzelnen Menschen zu Hilfe nimmt. Am Beispiel des Umgangs mit dem so genannten *Klimawandel* (besser wäre wohl, *Klimakatastrophe* zu sagen) möchte ich diese Perspektivenkombination kurz illustrieren: Folgt man hier nur den „blauen" Wissenschaftlern, findet man sich in einem Wust an „vorläufigen" Zahlen, vielerlei Theorien und mit so viel Fachwissen konfrontiert wieder, dass man am liebsten gleich wieder damit aufhören möchte, sich mit der Sache zu beschäftigen. So hilft etwa der Film „Eine unbequeme Wahrheit" von Al Gore (vermutlich Sachtyp) nur bedingt weiter, da unklar bleibt, was genau man denn nun tun oder lassen soll, um richtig mit dem offenkundigen Problem umzugehen. Hört man also nur auf die „Blauen", müsste man noch viel mehr Daten erheben, noch lange warten, bis man sich sicher ist und dann erst einmal vorsichtige Versuche machen und beobachten, was in deren Folge wohl geschieht. Verständlicherweise gehen hier die „Roten" ganz anders ans Werk: Sie fordern jede Menge Interventionen, entweder in Form von Klimasteuern, dem Verbot aller fossiler Brennstoffe oder als technische Lösung den Bau von Tausenden von Anlagen, die das CO_2 wieder aus der Atmosphäre saugen sollen.

Alternativ könnte auch eine Art „Ökodiktatur" für diese Gruppe eine Möglichkeit sein, inklusive dem radikalen Umbau der Wirtschaft und Gesellschaft (Reduktion der Bevölkerung, Verbot von Tierhaltung und Fleischkonsum, rasche Umstellung auf Elektromobilität, die von erneuerbaren Energien angetrieben wird usw.). Einzelne „Rote" (wie der Biologe *Guy McPherson* aus den USA) gehen noch einen handlungstypisch-radikalen Schritt weiter und erklären gleich das Ende der Menschheit und der allermeisten heute lebenden Arten binnen weniger Jahre; d.h. jegliche positive Hoffnung oder Aussicht ist hier eliminiert, alles wird aus der negativst möglichen Perspektive gesehen – wobei man McPherson zu Gute halten kann, dass er klar sagt, was er denkt und auch dafür plädiert, in der noch verbleibenden Zeit möglichst positiv und liebevoll zu leben (wozu es für den Handlungstyp offenbar einer Katastrophe ungeheuren Ausmaßes bedarf ...).

Schon diese kurze Gegenüberstellung von zwei naturellbedingt unterschiedlichen Perspektiven zeigt die Bandbreite der Möglichkeit, auf ein einzelnes Thema zu reagieren, recht deutlich. Was aber ist in diesem Fall mit den „Gelben"? Sie sind ja dafür bekannt, Probleme häufig gar nicht als solche wahrzunehmen oder zu beschönigen. Tatsächlich befassen sich wohl nur wenige Beziehungstypen intensiv mit der Klimaproblematik. Sie sind womöglich zumeist in ihrer allzu positiven Sichtweise eingelullt und mit den viel naheliegenderen Fragen des Alltags oder ihren Beziehungsangelegenheiten beschäftigt, also abgelenkt. Und die wenigen „Gelben", die doch etwas davon mitbekommen, was noch weitgehend unbemerkt von der Mehrheit passiert (nämlich eine in der Menschheitsgeschichte noch nie da gewesene Veränderung im Weltklima zu Ungunsten vieler Lebewesen, einschließlich des „modernen Menschen") neigen dazu, sofort wieder die Finger von diesem heißen Eisen zu lassen oder hektischen Aktionismus „zur Rettung der Welt" zu fordern und mit dramatischen Bildern oder Beispielen (Eisbären, Urwälder, Plastikmüll im Meer) zu illustrieren – auch wenn die Zusammenhänge oft eher willkürlich hergestellt werden. Die gelbe Sicht wird also dem wirklichen Problem auch nicht gerecht.

Addieren wir jedoch einmal die Perspektiven aller drei Naturellgruppen zusammen, nehmen also das vertiefte und in seinem
Ergebnis nicht 100% klare Fachwissen der „Blauen", den Wunsch
nach deutlichen Aktionen auf dem Hintergrund der überaus
negativen Entwicklung, wie von den „Roten" gefordert und ergänzen das Ganze mit dem Helfenwollen und dem positiven
Blickwinkel der „Gelben": Dann ergibt sich (selbst ganz sachlich
gesehen) ein durchaus erschreckendes Bild der Lage und gleichzeitig die Erkenntnis, dass selbst radikalste Taten keinen *wesentlichen Unterschied* mehr bedeuten würden. Der kleine positive
Hoffnungsschimmer zeigt sich nur darin, dass ein denkbares
Ende der überbevölkerten, technisierten und globalisierten,
Milliarden von Tieren versklavenden, „modernen" Zivilisation
vielleicht nicht nur ein Ende, sondern auch ein Anfang von
etwas Neuem sein könnte – trotz noch sehr lange steigender Tem-
peraturen, die große Teile der Welt so verändern (austrocknen,
überschwemmen) werden, dass sie weder für den Anbau von Ge-
treide noch für die ganzjährige menschliche Besiedelung taugen.

Das Spannende an einer solchen Perspektiven-Mischung ist,
dass sie keiner Naturellgruppe zu 100% „schmeckt" und so jeder
einen Ansatz für Kritik aus seiner Perspektive findet (d.h. seine
Sicht zu wenig berücksichtigt sieht).

Selbstverständlich können Sie diese Übung mit vielen anderen
Themen machen, z.B. indem Sie mehrere Fachbücher verglei-
chen. Ich habe mich hier für das Klimabeispiel entschieden,
weil ich mich schon lange darüber informiere, mit vielen Experten und Interessierten darüber austausche und parallel auch
auf ihr Naturell achte.

Zwei humorvolle Beschreibungen noch zum Schluss
Für eine Fortbildung habe ich vor Jahren zur Auflockerung des
Themas aufgeschrieben, was passieren könnte, wenn für ein Ex-
periment drei Gruppen von Freiwilligen – aufgeteilt in die drei
Naturellgruppen – auf drei verschiedenen Inseln ausgesetzt und
erst drei Jahre später wieder besucht würden.

132

Auf der *Insel der Gelben* finden die Forscher eine kunterbunte Gartenanlage mit kleinen, windschiefen, aber kreativ gebauten kleinen Häuschen. Überall laufen verwilderte Haustiere herum. Papageien flattern in den Bäumen, deren Stämme bunt bemalt und mit Namensschildern versehen sind. Von den Bewohnern fehlt jede Spur, nur ein Schreiben ist zu finden, aus dem hervorgeht, dass die Gruppe letzten Monat mit einem selbst gebauten Kanu die Insel verlassen hat, nachdem man sie auch nach fünf Jahren (ihrer Zeitrechnung) noch nicht wieder abgeholt hat und sie glaubten, die Zivilisation sei wohl untergegangen.

Auf der *Insel der Blauen* leben noch alle Bewohner und warten seit dem Morgen auf die Ankunft der Forscher zum vereinbarten Zeitpunkt. Die Hälfte der Vorratskisten steht immer noch ungeöffnet unter einem Baum am Strand. Alle sechs leben in einer einzigen windschiefen Hütte, die sie erst letzte Woche in Erwartung der Gäste fertiggestellt und aufgeräumt haben. Fünf der Bewohner sind beim sechsten (einem Psychoanalytiker) seit drei Jahren in Therapie und nennen ihn „Meister". Sie bitten darum, weitere drei Jahre auf der Insel bleiben zu dürfen, bis sie sich richtig eingelebt haben bzw. austherapiert sind.

Auf der *Insel der Roten* stehen zwölf solide Häuser aus Stein und es gibt einen ordentlich gepflegten Friedhof, auf dem drei der sechs ursprünglichen Bewohner beerdigt sind. Der erste ist am Alkohol gestorben, den er sich aus exotischen Früchten selbst gebraut hat, der zweite vermutlich an einem Herzinfarkt (er wurde tot in seiner Werkstatt gefunden) und der dritte aus Langeweile, als seine beiden Häuser fertig und der Friedhof angelegt war. Die drei Überlebenden siezen sich noch immer, haben jedoch seit Anfang eine wöchentliche Skatrunde und einen Sicherheitsdienst eingerichtet sowie eine 'Inselordnung' erlassen, die 95 Paragraphen umfasst und streng eingehalten wird. Zwei der Forscher (beides Handlungstypen) äußern spontan den Wunsch, sich der Gruppe anschließen zu dürfen, was aber von den drei „roten" Inselbewohnern mit einem ebenso spontanen wie einhelligen „Nein!" rundheraus abgelehnt wird.

Drei typische Rentner

Zur Ergänzung noch drei Kurzportraits von naturelltypischen Rentnern – ebenfalls im Humor-Modus zu lesen:

Ein typischer *Beziehungstyp-Rentner* telefoniert morgens und abends ausgiebig mit seinen Geschwistern, Kindern oder Kumpels bzw. verschickt E-Mails in die ganze Welt. Mittags beschäftigt er sich kurz mit einem Roman, spielt im Internet oder schaut seine Lieblingsserie, bevor er in die Volkshochschule geht, um den letzten Kreativkurs zu besuchen, den er noch nicht kennt und seinen neuen Schwarm zu treffen, von dem aber seine Frau nichts weiß. Abends kümmert er sich um einen halben Zoo von Tieren, die Leute aus der ganzen Stadt ihm bringen, weil sie wissen, dass er sie gesundpflegen wird. Dafür gibt er einen Großteil seiner Rente aus und muss immer wieder kleine Gelegenheitsjobs annehmen, damit er Futter kaufen kann. Sind die Tiere dann gesund, lässt er sie frei und freut sich, wenn manche davon zu ihm in seinen Garten zurückkehren. Sein Wissen über Tiere und die bescheidenen chirurgischen Fähigkeiten hat er sich selbst beigebracht, während er als Tierpfleger in Zoos auf der halben Welt tätig war, ebenso seine oberflächlichen, aber alltagstauglichen Kenntnisse in mindestens sieben Fremdsprachen, die ihm auch den Umgang mit Menschen anderer Kulturen erlaubt, was er sehr schätzt und noch ausbauen will.

Der typische *Sachtyp-Rentner* macht zunächst seinen täglichen Spaziergang, bei dem er in diversen Banken seine Kontoauszüge abholt, sitzt dann zwei Stunden im Wartezimmer eines befreundeten Arztes, um die dort ausliegenden Zeitschriften zu studieren und sich seiner Gesundheit zu erfreuen. Für den Nachmittag hat er sich eine Liste mit Sonderangeboten aus den Tageszeitungen in der Bibliothek erstellt, die in den Supermärkten der Gegend aktuell sind. Nachdem er mit dem Fahrrad dort war und die Einkäufe in seinen Kühl- bzw. Vorratsschrank einsortiert und die dazu gehörige Excel-Tabelle aktualisiert hat, wärmt er sich die Reste vom Vortag auf und begibt sich mit leichten Depressionen früh ins Bett, um Heizkosten und Licht zu sparen. Das Glück, eine Partnerin zu finden, hatte er leider nicht, obwohl er sich einmal in der Jugend ein Herz fasste und ein Mädchen zum Tanzen aufforderte. Als sie ablehnte, gab er die Bemühung auf, da er noch einen Misserfolg für nicht verkraftbar hielt.

Das Musterexemplar des *Handlungstyp-Rentners* hingegen nimmt morgens vor dem Hausputz seine Herzmittel (die er großzügig an die obere Grenze dosiert), schneidet wie jede Woche die Hecke, kürzt den Rasen um zwei Millimeter und kontrolliert die Sicherheitsanlagen rund um sein Haus sowie die automatische Bewässerungsanlage mit selbst gegrabenen Brunnen, während er dabei drei Flaschen Bier trinkt. Dann erledigt er seine Geburtstagsanrufe und die Besuche zu den Todestagen auf dem Friedhof, wo er auch die Nachbargräber seiner Verwandten mitpflegt – bevor er zehn Kilometer zum ersten seiner beiden Teilzeitjobs radelt.

Er war schon vier Mal verheiratet: Die erste Frau hatte seine Seitensprünge nicht mehr toleriert, die zweite (einer der Seitensprünge) fand heraus, dass es noch zwei parallele Affären gab, die dritte war selbst eine „Rote", was dazu führte, dass sie sich vor lauter Arbeit überhaupt nicht mehr sahen und vergaßen, dass sie verheiratet waren. Beim vierten Mal fiel das aber bei der Behörde, wo sie die Papiere einreichten, auf, so dass er erst einmal seine Noch-Frau finden, und sie überzeugen musste, der notwendigen Scheidung zuzustimmen. Während des unvermeidlichen Streits entflammte die alte Leidenschaft kurzzeitig wieder, was seine „vierte Frau" dazu brachte, die teuren Ringe aus dem Autofenster zu werfen, was er ihr bis heute nicht verziehen hat, obwohl sie inzwischen seit fast 20 Jahren in 'wilder Ehe' zusammenleben und abends oft recht glücklich bei Kartenspiel und einer Flasche Wein auf dem Balkon ihres selbst renovierten Häuschens sitzen und sich darüber freuen, dass ihre Zwillinge nicht mehr zuhause wohnen (somit keine Arbeit mehr machen) und die Enkel noch nicht auf der Welt sind, mit denen sie natürlich fest rechnen …

Es kostete mich einige Jahre,
bis ich herausbekam, wer ich bin –
und ein paar mehr, um das zu akzeptieren,
was ich entdeckte.

Jolene Blalock
(vermutlich Handlungstyp)

10. Chancen und Grenzen von Modellen: Wie *wirklich* ist die „Landkarte"?

Ganz zum Schluss des ersten Bandes möchte ich noch kurz dem Thema nachgehen, wie 'wirklich' oder 'wahr' dieses Modell eigentlich ist, da hier immer wieder Missverständnisse auftreten.

Modelle werden in der Wissenschaft etwa dann benutzt, wenn der Gegenstand der Untersuchung nicht sichtbar ist, z.B. wenn es darum geht, wie ein Atom aufgebaut sein könnte. Eine Modell ist also eher wie eine Land*karte*, nicht wie eine Land*schaft* zu verstehen, deshalb auch meine Bezeichnung „Landkarte". Es geht also zunächst nicht darum, die Wirklichkeit an sich exakt wiederzugeben, sondern darum, ein treffendes Abbild, meist ein vereinfachtes, herzustellen. Diese Vereinfachung nun darf weder zu einfach sein, aber auch nicht zu kompliziert. Wäre eine Stadtkarte etwa so genau, dass jeder Stein auf der Straße sichtbar würde, wäre sie kaum mehr zu gebrauchen bzw. man könnte gleich die Straße anschauen und bräuchte keine Karte mehr. Ziel ist in der Regel, das Verstehen zu erleichtern und auch am Modell besser nachvollziehen zu können, was in Wirklichkeit passiert (ohne sich in die Wirklichkeit begeben zu müssen).

Ein Modell ist also eine (oft am Schreibtisch entstandene) Idee und als solche diskutierbar, veränderbar und ohne Anspruch auf absolute Gültigkeit. Wenn sich jedoch anhand des Modells die Wirklichkeit nachvollziehen oder gar vorhersagen lässt, kann durchaus der Eindruck entstehen, zwischen Modell und Wirklichkeit gäbe es kaum mehr einen Unterschied. Vielen Laien ergeht es so, wenn sie ein Modell unseres Sonnensystems sehen, auch wenn darin häufig die Größenverhältnisse (und auch die Bewegungen der Himmelskörper) völlig falsch abgebildet sind.

Wie oft ein Modell dann in der Praxis verwendet wird oder welche Bedeutung es für wie viele Menschen gewinnt, hängt zum Beispiel davon ab, was es sonst noch für Modelle auf dem

Markt der Ideen gibt und wie viele 'Kunden' sich überhaupt für dieses Thema interessieren. Zu zwei anderen Betrachtungsweisen steht das Modelldenken jedoch im Gegensatz: einerseits zum Dogma, das den Anspruch erhebt, Unsichtbares trotz Verwendung von Zeichen, Bildern oder Sprache richtig und verbindlich zu beschreiben. Andererseits zu den für jedermann gleich wahrnehmbaren und anhand von Experimenten beweisbaren Naturphänomenen. So ist es etwa sehr gewagt von einer neuen Religion, ihre (möglicherweise sinnvollen) Ideen gleich als absolute Wahrheit im Sinne eines Dogmas zu verkünden. Und wenn jemand ein Modell für etwas erfindet, das sich in der Natur selbst hervorragend betrachten lässt, wird er dafür nur jene interessieren, die selbst keinen Zugang zur Natur haben.

Die Verwechslung von Gelegenheiten, bei denen ein Modell sinnvoll ist und wo nicht, findet sich immer wieder – und häufig hemmt das dann den Fortschritt einer geistigen Entwicklung, etwa weil zunächst gegen die Verteidiger eines Dogmas angegangen werden muss, bevor jemand überhaupt die Chance bekommt, seine neue Idee vorzustellen. Ich denke hier an Beispiele wie Kopernikus oder Darwin. Aber auch die als 'modern' geltende Psychologie wird oft dogmatisch angesehen, wodurch sie sich für Innovationen verschließt. So gibt es nicht wenige Persönlichkeitspsychologen, die es für völlig ausgeschlossen halten, dass es so etwas wie die hier beschriebenen Naturellgruppen überhaupt 'gibt' – weil sie nach ihnen in der Weise suchen, wie man eine neue Tierart sucht (also in der materielle Wirklichkeit). Dass ihre eigenen Bilder vom Menschen in aller Regel ebenfalls *nur Modellvorstellungen* sind und keine *endgültigen Wahrheiten*, wird offenbar sehr leicht vergessen, besonders, wenn man sich nur noch unter Fachleuten bewegt, die alle dieselbe Sprache sprechen oder wenn man sich als Lehrender in einer Machtposition befindet und sich von den Studierenden nicht mehr grundsätzlich kritisieren oder hinterfragen lässt.

Angenommen, jemand käme auf die Idee zu behaupten, der Mensch hätte nicht *eine* Seele oder Psyche, sondern drei davon –

kaum jemand von akademischer Seite würde ihn ernst nehmen, es sei denn, er könnte wie Sigmund Freud eine wirtschaftlich erfolgreiche Therapieform daraus entwickeln oder es anhand irgendwelcher handfester Belege beweisen. Sähe man jedoch die Lehre von einer Seele schlicht als ein Modell, wäre es kein Problem, einmal probeweise das Modell zu ändern und das Gefühl vieler Menschen, sie hätten ab und zu 'zwei Seelen in der Brust' als denkbare Wirklichkeit zu akzeptieren. Im Gegensatz zu dogmatischem Denken ist also das Modelldenken oder die Arbeit mit Metaphern weit entwicklungs- und auch fehlerfreundlicher, denn ein Modell oder eine Metapher lässt sich jederzeit verändern, kritisieren, erweitern, ersetzen oder ganz verwerfen.

Aber in gewisser Weise gilt auch, was Paul Watzlawick, der große Kommunikationsforscher, schrieb: *„Wirklich ist, was eine genügend große Anzahl von Menschen wirklich zu nennen übereingekommen ist."* So gesehen wird ein *Beziehungstyp* oder ein *„Roter"* wirklich, indem ein Autor diese Worte in die Welt setzt und der Leser denkt: Stimmt, das trifft die Sache gut, ich erkenne mich als den einen und meinen Nachbarn als den anderen. Man könnte in diesen Fällen von einer Übereinkunft sprechen, also einer Wirklichkeit, die (ich folge hier dem Philosophen Karl Popper) *zwischen* Menschen entsteht und die durchaus einen sehr realen Charakter annehmen kann. Ich denke zudem an den schönen Satz von Janosch, dem zeichnenden Weisen, den er in seinem Buch *Von dem Glück, Hrdlak gekannt zu haben* formulierte: „Wenn zwei untereinander Brüder sind, sind Gedanken so wirklich wie Steine."

Klar ist aber auch: Wenn eines (vielleicht nicht mehr allzu fernen) Tages ein objektiver *Beweis für die Naturellunterschiede* entdeckt würde, z.B. ein epigenetisches Muster, an dem die drei Naturellgruppen vergleichbar den Blutgruppen erkennbar wären – dann gäbe es eine Trennung zwischen *objektiver Wirklichkeit* (dem biologischen Beweis) und dem *Erklärungsmodell* dazu mitsamt den Fachbegriffen, Skizzen, Schlussfolgerungen, Tipps, Erfahrungswerten usw. – die ja nicht bewiesen werden müssen, sondern nur verstanden, akzeptiert oder einfach ausprobiert.

Fachwissen (Begriffe und Namen) von A-Z

123-Modell

Bezeichnung für die Version der Naturellwissenschaft, wie sie seit 1999 von Werner Winkler entwickelt wurde. Der Begriff wurde aus der Abfolge 1, 2, 3 in den Triaden entlehnt, wie hier am Beispiel der so genannten „Pestalozzi-Triade" zu sehen.

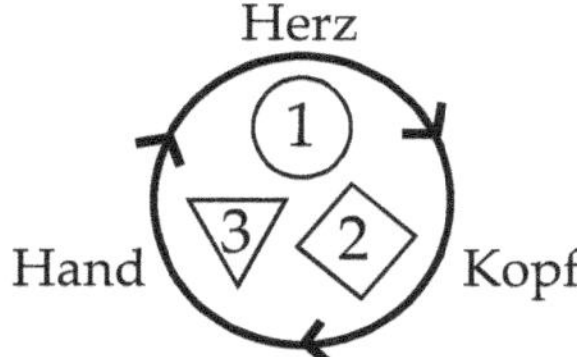

Aktioniker

Ein von Winkler (2010) in „Warum sind wir so verschieden?" geprägter Alternativbegriff für das Rote Naturell (Handlungstypen), abgeleitet von *typus actionis*, einer lateinischen Wortschöpfung von Angela Zeugner. Dto. *Relationiker (typus relationis)* für Beziehungstyp und *Temporiker (typus temporis)* für Sachtyp.

Aktivität

ist alles, was jemand bewusst oder unbewusst tut, wofür er Kraft und Energie aufwendet und seinen Körper oder Materie einsetzt, vgl. Denken, Fühlen, Machen – einer der drei Erlebensbereiche der naturellwissenschaftlichen Landkarte.

Alternativen, dritte

Die dritten Alternativen („Triaden") sind ein wichtiges Element der Naturellwissenschaft. Überall dort, wo durch Gegensatzpaare (z.B. Ja - Nein) eine Einschränkung der Lebensmöglichkeiten entsteht, eröffnen sie einen Ausweg, da sie eine zusätzliche Perspektive bzw. Option (hier: das *Vielleicht*) anbieten. Eine Liste mit vielen bisher entdeckten Triaden finden Sie bei Interesse unter www.123modell.de oder in Band 2 der Reihe.

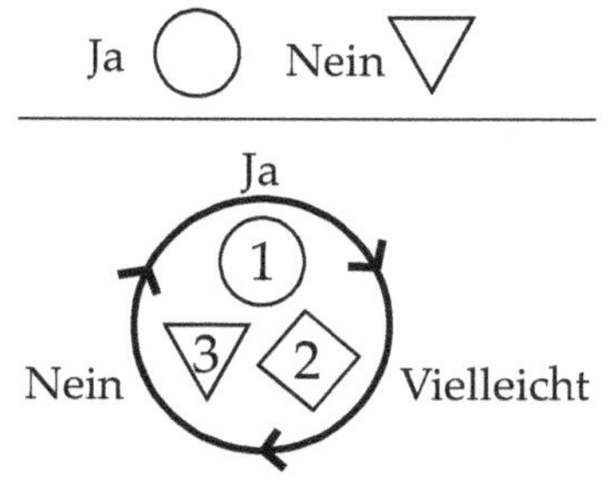

Analyse, Naturellanalyse, Typanalyse
Ermittlung der Zugehörigkeit zu einem der drei Naturelle (Grundtypen) sowie der Gewichtung in den Unterbereichen; auch „Stärken-Profil-Analyse" genannt. Einen Überblick über die Analyseverfahren findet sich hier im Buch bzw. in den Bänden 2/3.

Anekdoten
Im Forum der Initiative zur Förderung der Naturellwissenschaft e.V. unter *naturellwissenschaft.org* findet sich u.a. eine umfangreiche Sammlung von Anekdoten, die in Alltagsszenen die naturelltypischen Unterschiede illustrieren.

Anwendungsfelder
Im Laufe der Zeit haben sich verschiedenste Anwendungsfelder der Naturellwissenschaft bzw. des 123-Modells gezeigt – von der Psychotherapie und dem Coaching über pädagogische Nutzung bis hin zur Berufsberatung. Von den meisten Befragten (es gab bisher zwei Umfragen dazu) wird jedoch die Verbesserung der Selbsterkenntnis als zentraler Nutzen beschrieben.

Bezüge zu anderen Modellen
Das 123-Modell bzw. die Naturellwissenschaft (wie sie hier vorgestellt wird) sieht sich in der Tradition
a) des Psychographie-Modells von Dietmar Friedmann
b) der lösungsorientierten Psychologie (Steve de Shazer, Paul Watzlawick)
c) der Arbeiten Gordon W. Allports zur Erfassung der Persönlichkeit ("Psychographie")
d) der Transaktionsanalyse von Eric Berne und Thomas Harris („drei Ich-Zustände", „Ich bin okay, du bist okay")
e) der Intentionen von Carl Gustav Jung und Alfred Adlers, wiederkehrende Unterschiede zwischen Menschen zu erfassen und für die therapeutische Arbeit nutzbar zu machen
f) der Gedankengänge von Sigmund Freud, unterschiedliche „Ich-Instanzen" zu unterscheiden
g) historischer Typologien (Ayurveda, Enneagramm, Eduard Spranger)

Mit „Tradition" ist hier gemeint, dass entweder Gedankengänge aus diesen Modellen und Methoden aufgenommen wurden oder dass eine Verwandtschaft fachlicher Art erkennbar ist.

Das 123-Modell grenzt sich jedoch klar gegenüber Vorstellungen ab, die sich zwar vom Ansatz her dem gleichen Thema widmen (Unterschiede zwischen Menschen beschreiben), jedoch auf völlig anderen Grundannahmen basieren, z.B.
a) die homöopathischen Konstitutionstypen (aus der Heilwirkung homöopathischer Mittel abgeleitet)
b) die astrologischen Typen verschiedenster Systeme, die Unterschiede z.B. auf Einflüsse von Himmelskörpern oder deren „Energien" zurückführen
c) die krankheitsorientierten psychiatrischen Typologien (z.B. „Angsttypen")
d) Typologien, die anhand körperlicher Merkmale (Gesicht, Schädel, Körperbau) Charaktereigenschaften zuschreiben, z.B. die Huter'sche Naturelllehre bzw. Physiognomik
e) Typologien, die nur auf Geschlechterunterschiede fixiert sind und daraus weitestgehende Unterschiede vermuten
f) Typologien, die zwischen guten und schlechten Menschengruppen unterscheiden
g) Typologien, die Unterschiede zwischen Menschen mit nationalen, regionalen oder genetischen („Rasse") Ursachen begründen und dadurch Gruppen pauschal abwerten

Bevorzugung
meint, dass sich ein Mensch durch eine angeborene Neigung (sein Naturell) auf einzelne Bereiche oder Optionen des Lebens (vgl. die „Landkarte") spezialisiert und dadurch hier mehr Befähigung und Erfahrung erlangt, vergleichbar mit der Bevorzugung einer Hand. Das bedeutet auch, dass wir mehr Bewusstsein für die Bevorzugungen entwickeln und sie so häufiger als Teil des Lebens wahrnehmen, bedenken oder praktisch nutzen.

Blaues Naturell
auch Sachtyp-Naturell. Bezeichnung für ein Naturell, bei dem

der „blaue" Anteil (bezogen auf den Grundbereich der „Landkarte" dominiert und der „rote" zurückgenommen ist.

Charakter

(griech. *charassein* ritzen, prägen) Gesamtheit der nicht-körperlichen Eigenschaften eines Menschen, seine Art oder Wesensart. Häufig mit moralischen oder beurteilenden Wertmaßstäben versehen („ein angenehmer Charakter"). Im Charakterbegriff fallen aus naturellwissenschaftlicher Sicht verschiedene Merkmale (aus Biografie, Genetik, Kultur, Naturell usw.) zusammen. Der Begriff wird hier im Buch eher vermieden, da er meist eine stark wertende (positiv oder negativ konnotierte) Bedeutung hat, was für die hier diskutierten Fragen nicht sinnvoll ist.

Drama-Dreieck

Von Stephen Karpman 1968 entwickeltes Modell zur Beschreibung von Rollen in Gruppen. Es regte Dietmar Friedmann zur Frage an, ob Menschen darin Lieblingsrollen und Vermeidungsrollen zeigen. Als er diese Vermutungen bestätigt sah, kam ihm die Idee, dass es sich um feste Grundmuster (Typen) handeln könnte. Das Dramadreieck unterscheidet zwischen drei Rollen: Retter, Opfer, Verfolger.

Dreifarbenwelt

Eine Webseite mit der Darstellung der Naturellwissenschaft für Kinder und Eltern: www.dreifarbenwelt.de

Dualismus

(philosoph.) Weltsicht, nach der es nur *zwei gegensätzliche* Pole gibt, die in unterschiedlichen Formen in Erscheinung treten (Yin-Yang, schwarz-weiß, gut-böse, hell-dunkel, Leib-Seele usw.). Im Gegensatz dazu stehen der Monismus, für den alles eine Einheit bildet, und der *Trialismus*, der auf Dreiheiten aufbauend seine Weltsicht entwickelt. Die Naturellwissenschaft gehört so gesehen zum Trialismus.

Enneagramm

Vermutlich sehr altes Modell der Unterscheidung in neun Typen.
Durch das Fehlen einer textlichen Urquelle und die bis Anfang
des 20. Jahrhunderts (angeblich) ausschließlich mündliche Über-
lieferung ergeben sich z.T. stark abweichende Typbeschreibungen. Die Moral des Enneagramms wird je nach Autor weltan-
schaulich, psychologisch oder religiös sehr einseitig interpretiert. Dietmar Friedmann nahm in *„Die drei Persönlichkeitstypen
und ihre Lebensstrategien"* Bezug auf das Enneagramm und leitete daraus neun Untertypen zu seinen drei Grundtypen ab.

Epigenetik, epigenetisch

Merkmale, die nicht durch genetische Vererbung von den Eltern oder Großeltern, sondern durch Veränderungen (An- bzw.
Ausschalten von Gengruppen) im genetischen Code nach bzw.
während der Einnistung in die Gebärmutter oder später im Leben erworben wurden, z.B. als Anpassung an eine bestimmte
Umwelt, in der ein Individuum aufwächst. Vermutlich wesentlich einflussreicher als bisher angenommen und teilweise auch
vererbbar, z.B. wenn Eltern zu einer Zeit und an einem Ort aufwachsen, an dem es besonders viel oder wenig einer bestimmten Nahrung gibt und der Stoffwechsel sich darauf eingestellt
hat. Auch einprägsame Erlebnisse scheinen nach neueren Forschungen Spuren im epigenetischen Muster über Generationen
hinweg zu hinterlassen. Eine Hypothese dieses Buchs ist, dass
uralte, epigenetisch vererbte Muster aus der Frühzeit der (Säu-
getier- oder Hominiden-) Entwicklung, die sich bei den drei Pri-
matengruppen Schimpanse, Orang-Utan und Gorilla noch sehr
deutlich ausgeprägt als Kultur zeigen, auch beim modernen
Menschen auftreten, und zwar jeweils eines der drei Muster besonders deutlich. Mehr zu diesem Thema in Band 2/3.

Filme

Auf der Webseite *naturellwissenschaft.org* gibt es eine Rubrik mit
fachlich interessanten Filmen inkl. Kommentaren dazu. In vielen Filmen oder Serien tauchen die Naturellunterschiede sehr
deutlich erkennbar auf, zumal dann, wenn das Naturell der Rol-

le mit dem des sie verkörpernden Schauspielers zusammenfällt
und die Schauspieler meist nur „sich selbst" spielen müssen.

Forum
Ein Forum mit verschiedensten Diskussionen und Sammlungen
zum Thema (seit 2004) findet sich auf *naturellwissenschaft.org*

Friedmann, Dietmar
Dr. phil. (* 1937). Entwickelte in den 1980er-Jahren ein 1990 (in
„Der Andere") erstmals ver-
öffentlichtes Typenmodell
unter dem Namen "Psycho-
graphie"; außerdem ent-
deckte er das Prinzip der
Gewichtung zwischen Be-
vorzugung („Lieblingsrolle")
und Vernachlässigung („Vermeidungsrolle") innerhalb

Dietmar Friedmann (2004) und "Der Andere" (Fotos: Autor)

der ebenfalls von ihm entdeckten ersten Triaden – und zwar
während der Beschäftigung mit dem „Dramadreieck" von Stephen Karpman, einem kanadischen Transaktionsanalytiker.

Gelbes Naturell
auch Beziehungstyp-Naturell. Bezeichnung für ein Naturell,
bei dem der „gelbe" Anteil (bezogen auf den Grundbereich der
„Landkarte" dominiert und der „blaue" zurückgenommen ist
(vgl. „Gewichtung")

Gesamtpersönlichkeit
Hier die Gesamtheit aller Merkmale, von welchen das „Naturell"
als *eines* angesehen wird; daher versteht sich das 123-Modell genau genommen als „Naturelltypologie" und nicht als „Persön-
lichkeitstypologie".

Gewichtung
Überbegriff für Bevorzugung und Vernachlässigung innerhalb
einer Triade. Anhand des folgenden Schemas in Kreisform

dargestellt: links die gleichmäßige Verteilung der drei Farben, rechts die zu Gunsten von Gelb (Bevorzugung) und zu Ungunsten von Blau (Vernachlässigung) gewichtete. Die dritte Farbe (Rot im linken, Gelb im rechten Bild) bleibt also von

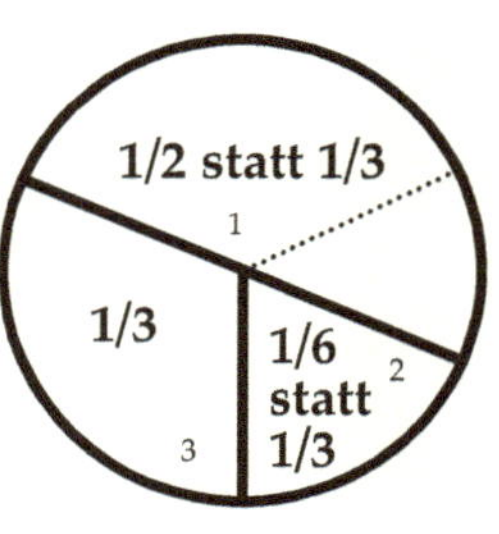
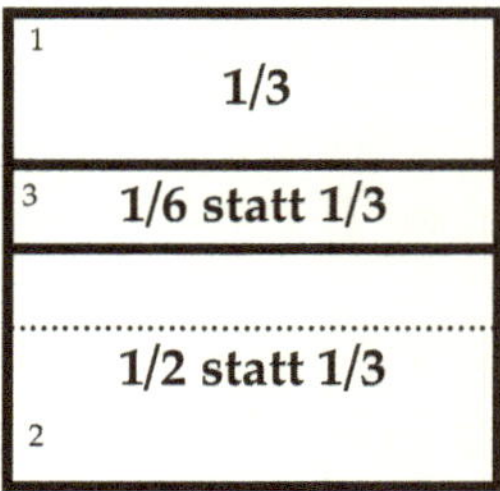

der Gewichtung unbeeinflusst.

Herz, Kopf, Hand

Dreiteilung der menschlichen Fähigkeiten, die von Johann Heinrich Pestalozzi (1746-1827) in die Pädagogik eingeführt wurde. Die drei Begriffe lassen sich zwar in eine Triade einsortieren, sind jedoch sprachlich aus heutiger Sicht nicht optimal.

Initiative zur Förderung der Naturellwissenschaft e.V.

Gemeinnütziger Verein, gegründet 1999 als „Psychographie-Initiative e.V." mit ausführlicher Webseite und regelmäßigen Aktivitäten zum Thema.

Interaktionsmuster der drei Naturelle

Nimmt man nur die drei Naturelle „Gelb", „Blau" und „Rot" als Basis für die Beobachtung, lassen sich sechs Interaktionsmuster unterscheiden (und für die eigene Kommunikation berücksichtigen):

☐☐ Gelb + Gelb	=	☐ „Gelbe Interaktion"
☐☐ Gelb + Blau	=	☐ „Grüne Interaktion"
☐☐ Gelb + Rot	=	☐ „Orangene Interaktion"
☐☐ Blau + Blau	=	☐ „Blaue Interaktion"
☐☐ Rot + Rot	=	☐ „Rote Interaktion"
☐☐ Rot + Blau	=	☐ „Violette Interaktion"

Gleiche „Farben" oder Naturelle kommunizieren in der Regel leichter, die „Mischfarben" müssen sich stärker um ein adäquates Verständnis bemühen, d.h. es kommt häufiger zu Missverständnissen, z.B. dann, wenn ein Interaktionspartner etwas für sein Naturell Selbstverständliches voraussetzt, das für jemand mit anderem Naturell separat besprochen werden müsste.

Komplexitätsvereinfachung
Ein von Paul Watzlawick verwendeter Begriff für den Versuch, die komplexe menschliche Wirklichkeit mittels einfacher Modelle zu beschreiben. Dazu passt der Satz von *Egon Friedell* (1878-1938): „Wir können die Welt nur unvollständig sehen. Sie mit Willen unvollständig zu sehen macht den künstlerischen Aspekt." Die Naturellwissenschaft mit ihrer Unterscheidung von wenigen Naturellgruppen kann als solche Komplexitätsvereinfachung verstanden werden.

Konstruktivismus
Eine Denkrichtung der Geisteswissenschaften, die im Wesentlichen darauf aufbaut, dass Menschen die Wirklichkeit nicht so wahrnehmen (können), wie sie tatsächlich ist, sondern nur (in ihrem Gehirn) *konstruieren*. Aus dieser Sicht könnte man schlussfolgern, dass jeder in einer eigenen Welt lebt, die sich nur an bestimmten Schnittstellen mit der von anderen überschneidet.

Für manche Psychotherapeuten sind therapeutische Fortschritte vor allem deshalb möglich, weil sich die „Konstrukte" der Klienten durch Einflüsse von außen (z.B. die Beurteilung von Sachverhalten durch den Therapeuten) verändern oder verändern lassen. Als Autoren haben sich in dieser Richtung u.a. Paul Watzlawick („Wie wirklich ist die Wirklichkeit"), Heinz von Foerster („Teil der Welt") und Ernst von Glasersfeld („Wie wir uns erfinden") hervorgetan. Das 123-Modell ist in gewisser Weise ein „Konstrukt", da es eine Möglichkeit zur Wahrnehmung und Beschreibung der Wirklichkeit anbietet, ohne den Anspruch zu erheben, eine absolute Wahrheit zu beschreiben. Damit steht ein „konstruiertes" Modell in klarem Gegensatz zu anderen Sichtweisen, die z.B. auf objektiven Beweisen, Offenbarungen, unumstößlichen Lebenserfahrungen, Traditionen etc. basieren.

Landkarte

Hier verwendet als Synonym
für Modellzeichnungen, die
nicht direkt Sichtbares in ein
Bild fassen; auch als Kürzel
für die zentrale Landkarte des
123-Modells verwendet.
Die erste Landkarte (rechts)
wurde 1999 veröffentlicht und
seitdem mehrfach optimiert
bzw. variiert.

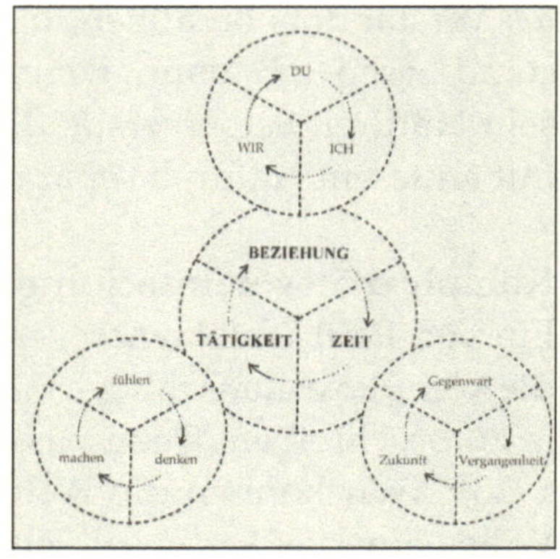

Leitdreieck

Ein von Winkler (1999) entwickeltes Modell zur Beobachtung
und Steuerung von Problemlösungsprozessen und -gesprächen
auf Basis der von D. Friedmann bevorzugten Abfolge „Was ist
Ihr Thema? – „Was ist Ihr Ziel?"– „Was haben Sie schon herausgefunden?", zu dem dieser wiederum von de Shazer angeregt
wurde. Steve de Shazer hat mit der Beobachtung von drei Klien-
tentypen (Besucher, Klagende, Kunden) ebenfalls zur Entwicklung des Leitdreiecks beigetragen (s. S. 89).

Metapher

werden dort verwendet, wo sehr komplexe Phänomene mit einfachen Bildern kommuniziert werden sollen – etwa dann, wenn
die drei Grundtypen im 123-Modell kurz „Delfine", „Blauwale"
und „Haifische" heißen.

Modell

In den Wissenschaften eine vereinfachte Darstellung unsicht-
barer bzw. nicht direkt beobachtbarer Phänomene (z.B. der Welt-
entstehung oder der Atomstruktur). Im Weiteren – vor allem im
konstruktivistischen Sinn – alle Meinungen und Vorstellungen
des Menschen über die Welt, sich selbst oder andere. Die Vorstellung der eigenen Weltsicht als Modell steht im Gegensatz
zum Glauben an eine (sprachlich vermittelbare) absolute Wahrheit (Dogma).

Naturell
steht für einen Anteil der Gesamtpersönlichkeit, der weder durch
Vererbung, Erziehung, Biografie oder Kultur geprägt wird, sondern vermutlich embryonal (genauer: epigenetisch während der
Phase der Einnistung in die Gebärmutterschleimhaut, s. Band 2)
angelegt wird. Die Vermutung liegt nahe, dass durch die Bedin-
gungen der Anfangszeit bestimmte „Master-Switches" im Ge-
nom an- bzw. ausgeschaltet werden, was im Laufe der weiteren
Entwicklung zu den beobachteten Ähnlichkeiten der drei Naturellgruppen untereinander (auch in körperlich-biologischer Hinsicht) bzw. zum Unterschied zwischen ihnen führt.

Naturellanalyse („Stärken-Profil-Analyse")
Gespräch zur Ermittlung des Naturelltyps eines Menschen. Ziel
ist ein Konsens über die jeweiligen Gewichtungen in den Triaden der „Landkarte".

Naturellwissenschaft
Ab Ende 2015 deutschsprachige Übersetzung bzw. Benennung
der Psychographie. Ein Artikel von Günter Hiller zur Diskussi-
on über diese Namensänderung findet sich in Band 3.

Prominentenliste
Eine Webseite, auf der Prominente verdachtsweise einem der drei
Naturelle zugeordnet werden. Auszüge daraus hier im Buch,
komplett auf *www.psychographie.de/prominente.htm*

Psychographie
Von Dietmar Friedmann 1990 eingeführter Begriff für seine Per-
sönlichkeitstypologie. Eine Zusammenziehung aus „Psychologie" und „Geographie" im Sinne von „Landkarte der Seele". Der
Begriff war jedoch bereits anderweitig belegt, so von Gordon
Allport oder im Sinne des „automatischen Schreibens", so dass
er früh als nicht optimal kritisiert wurde. Das Wort „Psychographie" wird zudem außerhalb der Psychologie für ein spezielles
fotografisches Verfahren und in der Literatur als Synonym für
„psychische Struktur" verwendet (so in der dt. Übersetzung von

Simone de Beauvoirs „Psychographie einer Intellektuellen"), ebenso im Marketing für die angenommene psychische Befindlichkeit von Kundengruppen. Diese zahlreichen Ursachen für Missverständnisse waren auch der Grund, weshalb ab ca. 2014 immer mehr der Begriff „Naturellkunde" bzw. ab Ende 2015 „Naturellwissenschaft" als Übersetzung und Ersatz für „Psychographie" in Verwendung kam.

Ressourcen
Eigentlich: „Vorräte". Hier im Modell ein Begriff, der die andere Seite der „Vernachlässigungen" betont. Der Begriff „Ressourcen" basiert in der Naturellwissenschaft auf der Beobachtung, dass die Nutzung der bisher vernachlässigten Option einer Triade zusätzliche Kräfte, Lösungsansätze oder Lebensqualitäten zeigt – im Sinne von „bisher übersehene Möglichkeit".

Rotes Naturell
auch Handlungstyp-Naturell. Bezeichnung für ein Naturell, bei dem der „rote" Anteil (bezogen auf den Grundbereich der „Landkarte" dominiert und der „gelbe" zurückgenommen ist (vgl. „Gewichtung").

Stärken-Profil
meint eine bestimmte Kombination aus Bevorzugungen und Vernachlässigungen auf den vier Ebenen der „Landkarte" des Modells. Alle 81 Stärken-Profile finden sich zum Download mit einer ausführlichen Beschreibung kostenlos im Internet unter: www.123modell.de/81.htm

Tests
Obwohl eine fachlich korrekte Naturellanalyse im Gespräch stattfindet, können doch internetbasierte Tests (wie auf www.naturellwissenschaft.org zu finden) dabei helfen, die eigene Gewichtung zu erkennen – vor allem dann, wenn der Test nicht von der Testperson selbst durchgeführt wird, sondern von anderen, die sie gut kennen (Partner, Kinder, Kollegen). Auch zur Lernkontrolle taugen diese Tests (typenrein ankreuzen versuchen!).

Tipp der Woche

Eine meist wöchentlich (sonntags) versendete E-Mail mit aktuellen oder praktischen Tipps rund um die Naturellwissenschaft.
Ein Archiv mit den bereits verschickten Tipps und eine Möglichkeit zur Anmeldung findet sich auf *naturellwissenschaft.org*

Triade

hier für eine Verbindung von drei Begriffen, die in einem definierten Zusammenhang stehen, wie Ja, Vielleicht und Nein
– und bei denen sich eine Gewichtung zeigt.

Typ, Typus

meint die Zugehörigkeit zu einer Gruppe, die sich auf Grund
festgelegter Merkmale von anderen Gruppen unterscheidet. Ein
Modell, das Typen verwendet, heißt Typologie; bei der Naturellwissenschaft handelt es sich genau genommen um "Naturelltypen" (nicht um „Persönlichkeitstypen", wie häufig verein-
facht gesagt wurde, was teilweise zu Missverständnissen führte). Sprachlich kritisch, da „ein Typ" oft abwertend gemeint ist.

Verbundenheit

Der Erlebensbereich der „Landkarte", auf den sich das Gelbe
Naturell bevorzugt einlässt. Verbundenheit im hier gebrauchten
Sinn schließt neben der Beziehungsebene auch die emotionalen
Zugänge zur Welt, zu sich selbst und zu anderen ein, ebenso die
Phänomene Liebe, Anziehung (oder Abstoßung), Zuneigung,
Sympathie, Freude usw.

Vernachlässigung

meint das Gegenstück zur Bevorzugung, also die tendenzielle
Vermeidung und häufige Ausblendung einer Lebensmöglich-
keit (vgl. „Landkarte"), wodurch der Hang dazu schwächer ist.
Gleichzeitig werden die Vernachlässigungen als „Ressourcen"
verstanden, da sie noch brachliegende oder eher übersehene
Möglichkeiten enthalten. Im Sinne einer optimierten Gesamtpersönlichkeit oder besserer Problemlösungskompetenz können sie also bewusster und öfters als Option genutzt werden.

Verschieden? Okay?

Motto der Naturellwissenschaft im Umgang mit den Naturellunterschieden in Anlehnung an den Buchtitel „Ich bin o.k. Du
bist o.k." vom Transaktions-
analytiker Thomas A. Harris,
durch ein Bildmotiv transportiert:

von Foerster, Heinz

Physiker, Philosoph und Autor (1911 - 2002); seine Idee von den
prinzipiell unentscheidbaren Fragen hat bei der Entwicklung des
123-Modells bzw. seiner geistigen Grundlagen eine bedeutende
Rolle gespielt, da sie z.B. die notwendige Freiheit begründete,
sich den Fragen rund um das Phänomen der Naturellunterschiede kreativ anzunehmen (in Band 2/3 besprochen).

Watzlawick, Paul

(1921-2007), österreichisch-amerikanischer Kommunikations-
wissenschaftler, Psychotherapeut, Soziologe, Philosoph und
Autor. Mit seinen Ausführungen und Forschungen zum Konstruktivismus einer der unabsichtlichen Väter der modernen
Naturellwissenschaft.

Zeitorientierung

Die Domäne der „Blauen" nach dem 123-Modell. „Zeitorientierung" steht hier neben der konkreten Orientierung in Raum und
Zeit auch für das Bewusstsein, ein zeitlich begrenztes Wesen zu
sein. Begriffe wie „Dasein" und „Existenz" gehören in diese Kate-
gorie, ebenso wie das Verstehen des „Daseins in Raum und Zeit",
Geist, Verstand und Vernunft. Wie bereits von Dietmar Friedmann entdeckt, lässt sich die Zeit in eine Triade aufteilen:

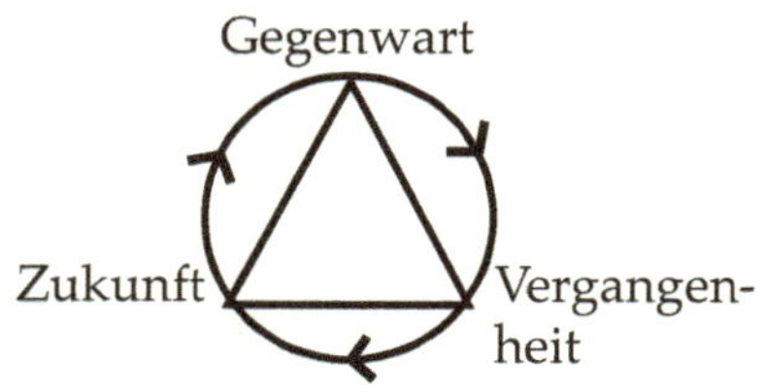

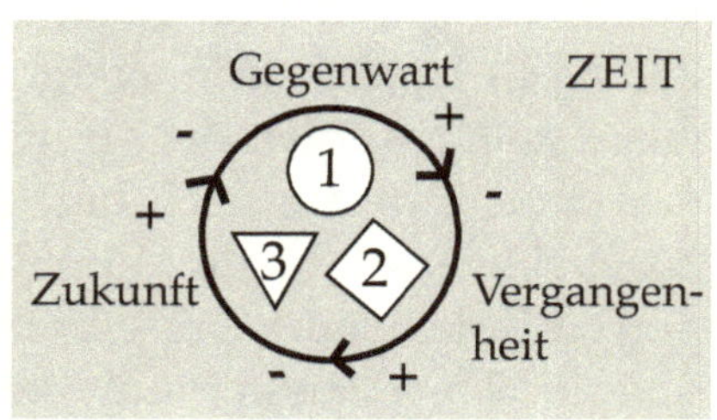

Häufig gestellte Fragen zum Thema

Werden mit solchen vereinfachenden Modellen die Menschen nicht in Schubladen gesteckt?
Die Gefahr besteht tatsächlich, jedoch sammelt ein gutes Modell wie das hier vorgestellte vor allem *Informationen und Erfahrungen* in Schubladen – z.B. typische Problemlösungen, Verhaltensweisen und Erkennungsmerkmale. Menschen selbst sind meist zu groß bzw. die Schubladen zu klein, um da hinein gesteckt zu werden, ganz zu schweigen von größeren Tieren.

Wie viel Prozent der 'Eigenheit' eines Menschen sind auf die hier beschriebenen Unterschiede zurückzuführen?
Wenn wir als die Einflussfaktoren auf die Gesamtpersönlichkeit eines Menschen die hier im ersten Kapitel besprochenen annehmen – dann scheint es schlüssig und aus der bisherigen Beobachtung (z.B. von genetischen Zwillingen) ableitbar, dass die Naturellunterschiede einen ziemlich starken Einflussfaktor darstelle; ich schätze daher ungefähr 33%.

Ab welchem Alter kann das Naturell bei Kindern erkannt werden?
Mütter mit mehreren Kindern berichten, dass sich Kinder unterschiedlichen Naturells bereits vor der Geburt 'typisch' verhalten. Mit etwas Übung kann man diese daher bereits bei Neugeborenen erkennen, wenn man mit ihnen länger im Kontakt ist, sicherer aber spätestens dann, wenn ein Kind oder Jugendlicher fähig ist, über sich selbst nachzudenken, sich differenziert zu beobachten und abstrakte Modelle auf die Wirklichkeit zu übertragen.

Welche Konsequenzen lassen sich aus den Naturellunterschieden für die Partnerwahl ziehen?
Die Forschung bzw. Zählung in dieser Hinsicht lässt erkennen, dass Menschen aller Bevorzugungen miteinander Partnerschaften eingehen, etwas häufiger jedoch bevorzugen wir offenbar den Unterschied als die Ähnlichkeit. Insofern sollte die Frage

nach dem Naturell eines Menschen nie als einziges Kriterium ausschlaggebend sein; jedoch können beim Einzelnen durchaus Vorlieben oder Abneigungen auftauchen, die sich aus dem Naturell beider Partner erklären lassen. Da ist es dann durchaus nützlich, dies vorab zu wissen und sich nicht durch andere Reize oder kurzfristige Verliebtheiten verleiten zu lassen, diese Erfahrungswerte zu übergehen. So berichtet etwa eine junge Frau, sie habe ihre ersten drei Partner im Leben rückblickend alle aus der Gruppe der „Roten" ausgewählt (zu der auch ihr Vater gehört) und mit allen dreien verblüffend ähnliche, eher negative Erfahrungen gemacht. Dies fiel ihr jedoch erst auf, als sie ihre wahre Vorliebe (für die Sachtypen, zu denen sie sich selbst ebenfalls zählt) erkannte und verstand, woher die Ähnlichkeiten und Unterschiede herrühren.

Sucht man sich den Partner nach den Eltern aus?
Tatsächlich scheinen viele Menschen sich ihren Partner nach dem Muster auszusuchen, das sie von ihrem Vater bzw. ihrer Mutter als 'gewohnt' kennen. Jedoch kann auch eine frühe Liebe oder eine sehr positiv erlebte Freundschaft in der Kindheit zu einer Art 'Prägung' auf eine Art Menschen führen, der wir dann unbewusst nachgehen. Ebenfalls beobachtet wurde, dass jemand ohne sich dessen bewusst zu sein versucht, eine Lücke aus der Kindheit mit späteren Partnern aufzufüllen – etwa wenn er zu wenig Liebe, Aufmerksamkeit oder Sicherheitsgefühl von einem Elternteil bekam. Dann besteht eine erhöhte Wahrscheinlichkeit, von einem Menschen gleicher Art wie der 'Defizitverursacher' angezogen zu werden und das unvollendete 'Spiel' noch einmal aufzunehmen (meist ohne Erfolg, da zwischen Kindern und Eltern in der Regel andere Beziehungsvoraussetzungen herrschen wie zwischen erwachsenen Menschen). Diese Phänomene können sich durchaus bis in die Feinheiten der Bevorzugungen auf den Unterebenen erstrecken und etwa dazu führen, dass sich jemand von einem Partner „magisch" angezogen fühlt, die annähernd oder sogar exakt dem 81er-Muster (um das es in Band 2 gehen wird) eines Elternteils entspricht. Von außen gesehen wirken solche Partnerschaften oft recht unpassend.

Wie ist die Verteilung der Naturellgruppen?
Nach allen bisherigen Erfahrungen ziemlich gleichmäßig und
zwar sowohl auf der Grundebene und auf den drei Unterebenen der „Landkarte". Dies spricht für einen Zufallsfaktor während der frühen Embryonalentwicklung, wie beschrieben. Um
hier sichere Zahlen zu bekommen müssten jedoch mindestens
1000 Neugeborene einer repräsentativen Gruppe in eine Studie
eingebunden, ihr Naturell sicher bestimmt oder sie lange Zeit
beobachtet werden, was bisher nicht geschehen ist.

Kann man seine Bevorzugung im Laufe des Lebens ändern?
Hier sollte zwischen der angeborenen, sehr tief verankerten
Bevorzugung, welche das Naturell begründet und den später
antrainierten oder durch Nachahmung erworbenen Gewohn-
heiten im Wahrnehmen, Verhalten und Denken unterschieden
werden. Während es aus meiner Sicht für eine Änderung oder
Löschung der Erstprägung des Naturells bisher kein Argument
oder Beispiel gibt, lassen sich zahlreiche Erfolge in Richtung
eines Ausgleichs oder nachträglichen Trainings vernachlässigter
Stärken feststellen – ob nun bewusst aus Kenntnis des eigenen
Gewichtungsmusters herbeigeführt oder eher zufällig, z.B. durch
Erziehung, Nachahmung von Vorbildern, außergewöhnliche
Herausforderungen oder therapeutische Arbeit.

*Haben diese Unterschiede Einfluss auf die Ernährung, auf Krankheiten
oder auf das Lebensalter?*
Offensichtlich ja. Jedoch sind hierzu noch zu wenige Beobachtungen vorhanden, um etwas Eindeutiges sagen zu können. Aber
es scheint etwa eine Tendenz dahin gehend zu geben, dass Handlungstypen eher blutdrucksenkende Lebensmittel (wie Kartof-
feln und Bananen) oder Fleischnahrung bevorzugen, Sachtypen
die bequeme Kalorienzufuhr (Eis, Eier, Nudeln) schätzen und Beziehungstypen besonders auf süße Früchte stehen. Bei den Krankheiten fiel mir persönlich auf, dass „Blaue" überdurchschnittlich
oft Krebserkrankungen zu überleben scheinen und „Rote" öfters
als andere mit Herzproblemen zu tun haben. „Gelbe" hingegen
verfallen eventuell leichter als andere Süchten verschiedenster

Art. Und von der Langlebigkeit stehen Menschen mit Blauem Naturell eher gut und die mit Rotem Naturell am Schlechtesten da – jedoch selbstverständlich nur im Durchschnitt (einer zudem recht kleinen Zahl von untersuchten), so dass es auch Sachtypen gibt, die schon mit 45 sterben und Handlungstypen, die das einhundertste Lebensjahr erreichen. Hier gibt es noch viel Forschungsbedarf und sicher manche interessante Entdeckung zu machen.

Müsste die Naturellzugehörigkeit nicht bei der Personalauswahl und Berufswahl Berücksichtigung finden?
Tatsächlich gab es in den letzten Jahren immer wieder Beratungsaufträge in dieser Richtung. Gerade wenn ein Beruf spezielle Kenntnisse oder Fertigkeiten verlangt, was den Umgang mit Menschen oder Themen betrifft, kann es durchaus sinnvoll sein, nicht nur die fachliche, sondern auch die vom Naturell vorgegebene Eigenheit der Kandidaten zu berücksichtigen.
Als plakatives Beispiel könnte eine Fußballmannschaft dienen: Hier sind nach allen Beobachtungen Handlungstypen die stärkeren Angreifer, Sachtypen die effektiveren Verteidiger und Beziehungstypen ideal dort eingesetzt, wo es darum geht, zwischen beiden Gruppen eine gute Verbindung zu halten (Mittelfeld, Torwart). Gute Trainer setzen ihre Spieler hier intuitiv passend ein.

Welcher der drei Naturelltypen stellt eigentlich die meisten Fragen?
Ganz klar der „Gelbe". „Rote" mögen Fragen eher nicht und vermeiden deshalb selbst oft, andere zu fragen oder ihre Neugierde zu zeigen. Wobei es hier sicher auch eine kulturelle und biografische Komponente beim Einzelnen gibt, also ob das Fragen erwünscht war / ist und erlernt wurde.

Mehr Fragen, Angebote oder Beobachtungen?
Schreiben Sie mir eine E-Mail. Ich werde versuchen, Fragen baldmöglichst zu beantworten, freue mich über Angebote zur Kooperation (z.B. von Forschungs- oder Weiterbildungseinrichtungen) und bin (fachlich und auch naturellbedingt) neugierig auf Beobachtungen aller Art: wewinkler@t-online.de

Literatur

Adler, Alfred: Menschenkenntnis, Rascher 1954

Berne, Eric: Spiele der Erwachsenen, Rowohlt 1967

Ellenberger, Henry F.: Die Entdeckung des Unbewussten, Huber 1973

de Shazer, Steve: Der Dreh, Carl Auer, 1996

Freud, Sigmund: Gesammelte Werke, S. Fischer 1948

Friedmann, Dietmar:
Der Andere, Ehrenwirth 1990
Die Entdeckung der eigenen Persönlichkeit, Ehrenwirth 1991
Laß dir nichts vormachen!, Ehrenwirth 1993
Integrierte Kurztherapie, Primus 1997
Die drei Persönlichkeitstypen und ihre Lebensstrategie, Primus 2000

Friedmann, Dietmar, zusammen mit Fritz, Klaus:
Wer bin ich? Wer bist du? dtv 1996
Wie ändere ich meinen Mann? dtv 1997

Jung, Carl G.: Psychologische Typen, Rascher 1960

Hiller, Günter: Grundlagen und Grenzen des Verstehens von Gefühlen, 2013

Watzlawick, Paul/Beavin, Janet H./Jackson, Don D.:
Menschliche Kommunikation, Huber 1969

Winkler, Werner:
99 Lösungswerkzeuge, Praxis der Problemlösung, 2004
Warum sind wir so verschieden? mvg 2005/2010
Warum Kinder so verschieden sind, VAK 2006
mit Petra Vogel: Der Gorilla in meinem Bett, mvg 2007

Zu den Beispielen im Buch:
Die im Buch aufgeführten Beispiele sind in der Regel frei erfunden oder Beobachtungen des Autors und Fachkollegen nacherzählt. Ähnlichkeiten mit lebenden Personen sind rein zufällig, aber nicht unwahrscheinlich. Durch Verdeutlichung wurden manche Geschichten etwas überspitzt bzw. mehrere Personen zu einer zusammengezogen. Im Übrigen wurde fast durchgängig allein die männliche Sprachform verwendet, um eine gute Lesbarkeit zu gewährleisten.

Der Autor dankt
Dietmar Friedmann (und Klaus Fritz) für die Weitergabe der hier beschriebenen Entdeckungen und zahlreiche Anregungen. Den Mitgliedern der Initiative zur Förderung der Naturellwissenschaft e.V. und zahlreichen Klienten, Seminar- und Ausbildungsteilnehmern für das anhaltende Feedback und das Teilen ihrer Erfahrungen. Günter Hiller für seine überaus wertvolle fachliche und freundschaftliche Begleitung in den letzten zwei Jahrzehnten und die Korrekturen am aktuellen Buch.
Meiner Frau Petra Schmalzl für ihre zahlreichen vielfältigen und wertvollen Beiträge zum Thema, ihre Geduld, Freundschaft und kritische Begleitung.

Über den Autor
Werner Winkler, Jg. 1964, ursprünglich Ausbildungen als Werbetechniker und Kalligraf; lernte während einer Weiterbildung 1996 Dietmar Friedmann und sein Typenmodell kennen. 1999 Mitbegründer und 1. Vorsitzender der Initiative zur Förderung der Naturellwissenschaft e.V.; seitdem empirische Forschung, Anwendung, Lehrtätigkeit und mehrere Veröffentlichungen zum Thema. Seit 1996 u.a. als Berater tätig. *www.wernerwinkler.de*

Links zum Thema
www.123modell.de
www.naturellwissenschaft.org
www.dreifarbenwelt.de

Meine Naturelltypen-Sammlung

Hier können Sie Ihre eigenen Beobachtungen oder Vermutungen hinsichtlich der Naturelltyp-Zugehörigkeit von Menschen aus Ihrem Umfeld sammeln (am besten mit Bleistift!):

Gelbes Naturell Beziehungstypen	Blaues Naturell Sachtypen	Rotes Naturell Handlungstypen

Vorschau auf Band 2 und 3

Wenn Sie mehr zum Thema „Naturell" wissen möchten, finden
Sie darin u.a. folgende Themen (Änderungen vorbehalten):

Band 2 (alphabetisch geordnet):
- Ablauf einer fachlichen, konsensuellen Naturellanalyse
- Anwendung der Naturellwissenschaft im Unternehmen
- Beispiele für den naturelltypgerechten Umgang mit Kindern
- Das Primaten-Geheimnis: Woher kommt die Ähnlichkeit
  zwischen den drei Naturellen und den drei Primaten?
- Die Untergruppen der drei Naturelle
- Dreiteilungen in anderen Modellen und Ansätzen
- Haus-Darstellung des Naturell-Stärken-Profils
- Hypothese zur Herausbildung der Naturellgruppen
- Metapher in der Naturellwissenschaft
- Paar-Teamanalyse mit praktischen Beispielen
- Ressourcen auf vier Ebenen erkennen und nutzen
- Triaden-Liste (vollständig)
- Vorgeschichte der Naturellwissenschaft
- Wer passt wie gut zu wem bei der Partnerwahl?

Band 3 (alphabetisch geordnet):
- 81 Naturell-Stärken-Profile in der grafischen Darstellung
- Analyse von Texten, Filmen und Aphorismen
- Auswahl von Interessantem aus Forum und Tipp der Woche
- Einfärbung der Unterbereiche durch den Grundtypus
- Forschungen zur Naturellwissenschaft
- Geschichte der Initiative zur Förderung der Naturellwissen-
  schaft e.V. seit 1999
- Günter Hiller: Über das Naturell (Fachaufsätze)
- Kategorien des Erlebens in der Übersicht
- Sprache und Fachsprache in der Naturellwissenschaft
- Team- und Familien-Naturellanalyse mit Beispielen
- Unterschiede zwischen Friedmann- und Winkler-Modell
- Varianten und Entstehung der „Landkarte"
- Vergleich mit anderen Typenmodellen

Stichwort- und Namensverzeichnis

123-Modell 20, 126, 147
99 Lösungswerkzeuge 89
Aktioniker 140
Allport, Gordon W. 141
Angsttypen 142
Asexualität 7
Ayurveda 9, 17, 70, 141
Berg, Insoo Kim 83
Biografie 10
Bisexualität 7
Blalock, Jolene 136
Blutgruppen 70
Charakter 1443
Dalai Lama 75
Denker 120
de Shazer, Steve 83, 89, 141
Dogma 138
dolce vita 106
Dostojewskij, Fjodor 4
Dramadreieck 13
Einstein, Albert 48
Eltern 10, 154
Enneagramm 17, 144
Entwicklung 79f.
Epigenetik 7, 144
Esslinger, Hartmut 26
Familie 108, 109, 116
Frauen 123
Freier, Susanne 14, 46
Freud, Sigmund 14
Friedell, Egon 147
Friedmann, Dietmar 13f., 48, 70, 83, 158
Fritz, Klaus 67, 108, 158
Furman, Ben 10
Fußballmannschaft 117, 156
Galen 17

Geheimnisse 129
Gesamtpersönlichkeit 7
Gewichtung 19f.
Gore, Al 62, 130
Grzimek, Bernhard 78
Händigkeit 14
Haustiere 109
Hawking, Stephen 48
Hiller, Günter 104, 158
Hippokrates 9, 17
Hirngeschlecht 8
Holocaust 11
Homosexualität 7
Hund 74f.
Huter'sche Naturelllehre 142
Idealismus, Ideal 45, 119
Interaktionsmuster 99
Irving, John 76
Janosch 139
Karpman, Stephen 13
Kinder 109, 153
Klimawandel, -katastrophe 130f.
Kohl, Helmut 117
Konstitutionstypen 17
Konstruktivismus 147
Krankheiten 155
Kundengruppen 112
Kurztest 71
Landkarte des Erlebens 23, 137
Leitdreieck 89
Männer 123
McPherson, Guy 131
Merkel, Angela 49, 117
Modell 138
Naturellanalyse 38
Naturellanalytiker 67
Nebenwirkung 129
Paracelsus-Schulen 16
Pause 54

Persönlichkeit 6
Persönlichkeits-Typologien 16
Pestalozzi, Johann Heinrich 17
Physik 73
Popper, Karl 139
Primaten 17
Problemlösungspraxis 90f.
Prominente 44, 52,
Psychographie 16, 149
Psychotherapie 17
Rasse 142
Rentner 134
Rice, William R. 7
Roller, Christa 46
Sätze (fördernd, hemmend) 86
Schmalzl, Petra 73f., 158
Schubladen 153
Schüler 127
Stärken-Profil 150
Steiner, Rudolf 17
Sternzeichen 108
Teams 110f.
Temperamente 17
Testverfahren 69
Tiere 11, 73, 132
Transaktionsanalyse 13
Triade 14
Trialismus 143
Verhalten 37
von Foerster, Heinz 147, 152
von Glasersfeld, Ernst 147
Watzlawick, Paul 139, 152
Wolf 75f.
Worte, typische 66
Yin-Yang 143
Zeitorientierung 21
Zeugner, Angela 140
Zimen, Erik 78
Zufall, Zufälle 11, 12